Herderbücherei

Band 587

Über das Buch

Mir ist doch so, als wär' mir was …
dies ganz unbestimmte Gefühl, das Fritz Reuter so definiert, hat der Mensch recht oft. Und wenn er dem etwas nachgeht und sich selbst ein bißchen beobachtet, stößt er auf manche Kuriositäten: er vergißt mit Vorliebe Unangenehmes, er hat die merkwürdigsten Angewohnheiten, er geniert sich und er gibt ganz gern ein bißchen an. Manches mag er essen und riechen, hören und leiden und manches wieder nicht. Er kämpft gegen allerlei Plagen und um ein bißchen Ruhe. Und er hat seine Träume – Urlaub oder Klavierspielenkönnen oder die eigene Schönheit – und auch seine Freuden, wenn es auch vielleicht nur das Ausziehen drückender Schuhe ist.

Über die Autorin

Heilwig von der Mehden, 1923 in Essen geboren, in Köln und Bonn erzogen, wurde stets im Rheinland für eine Hamburgerin gehalten und in Hamburg für eine Rheinländerin. Studium: Germanistik, Geschichte, Zeitungswissenschaft, Kunstgeschichte, Theaterwissenschaft, Soziologie. Mitarbeiterin beim Rundfunk, Volontärin im Feuilleton der „Welt", Redakteurin. Seit 1957 schreibt sie regelmäßig alle vierzehn Tage für die Zeitschrift „Brigitte" eine Kolumne. Sie lebt in Bonn und war verheiratet mit Conrad Ahlers.

Heilwig von der Mehden

Ehret die Frauen – aber übernehmt euch nicht!

Notizen aus dem weiblichen Alltag

Band 539, 144 Seiten, 10. Auflage

Mit den hier gesammelten Schilderungen und Betrachtungen liefert die bekannte „Brigitte"-Kolumnistin das Pendant zu dem erfolgreichen Taschenbuch „Nehmt die Männer, wie sie sind". Sie berichtet von den Frauen, die versuchen, sich in einer Männerwelt zu behaupten, die regieren und sich regieren lassen, um Schönheit und Eleganz kämpfen. Ihre besten Geschichten hat sie für dieses Taschenbuch zusammengestellt.

Vielgeliebte Nervensägen

Von großen und kleinen Kindern

Band 516, 144 Seiten, 10. Auflage

Humorvoll und nicht ohne Ironie schreibt hier die Autorin über die Freuden und Sorgen des Familienlebens, vor allem über den Umgang und die Erfahrungen mit Kindern. Welche Überraschungen Kinder ins Haus bringen, welche Erwartungen – zu Recht oder Unrecht – in sie gesetzt werden und wie sie ihre Probleme lösen, weiß Heilwig von der Mehden lebendig und charmant zu schildern.

in der Herderbücherei

Heilwig von der Mehden

Mir ist doch so, als wär' mir was ...

Vom angenehmen Umgang mit sich selbst

Herderbücherei

Originalausgabe
erstmals veröffentlicht als Herder-Taschenbuch

Buchumschlag: Kristine Rothfuß

1. Auflage Oktober 1976
2. Auflage März 1977
3. Auflage September 1977
4. Auflage April 1978
5. Auflage Januar 1979
6. Auflage Juli 1979
7. Auflage März 1980
8. Auflage März 1981
9. Auflage März 1982

Herder Freiburg · Basel · Wien
Herstellung: Freiburger Graphische Betriebe 1982
ISBN 3-451-07587-3

Inhalt

Ja, ja, wir werden alle älter!

Das erste graue oder genauer gesagt weiße Haar, das man sich irgendwann einmal vor dem Spiegel ausreißt, kommt einem zunächst wie ein Irrtum vor (mangelnde Pigmente oder so), und es dauert meist noch lange, bis man dieser Irrtümer durch Ausreißen nicht mehr Herr werden kann und vor der Frage steht, ob man von nun an tönen oder in Ehren ergrauen will. In einem Moment absoluter Ehrlichkeit gegen sich selbst stellt man auch fest, daß um die Augenwinkel herum Lachfältchen selbst dann vorhanden sind, wenn man kein bißchen lacht, und irgend etwas hat sich ganz unbemerkt während des letzten Winters am Aussehen der Oberarme verändert. Kurzum – es läßt sich gar nicht übersehen, daß nicht nur andere Leute älter werden. In Kosmetikabhandlungen haben wir sogar gelesen, daß andere Leute schon ab Mitte zwanzig abbauen – da haben wir uns ja wirklich ganz gut gehalten. Aber immerhin: Die ewige Jugend haben wir trotz aller törichten Hoffnungen – wer glaubt schon mit achtzehn daran, daß er einmal Ölpackungen um den Hals nötig haben wird? – eben anscheinend doch nicht gepachtet.

Aber die anderen auch nicht! Und das ist das Tröstliche an der Sache, manchmal auch das Vergnügliche. Auf einem Klassentag etwa, einer Versammlung also, wo grundsätzlich niemand dem anderen etwas über sein Alter vorzumachen vermag, kann es zu stürmischer Heiterkeit kommen, wenn einer nach dem andern zum Betrachten der mitgeführten Renommierfotos seine Brille zückt oder die Fotos weit von sich abhält. Und wenn man sich noch etwas von der früheren Vertrautheit bewahrt hat, wird man ganz sicher die Brillen der anderen auf- und ausprobieren. Oder man sitzt mit alten Freunden zusammen, mit denen man früher die Welt aus den Angeln hob, eigene und fremde Liebesgeschichten besprach und moderne Kunst analysierte, und entdeckt plötzlich, daß man seit geraumer Zeit genußvoll damit beschäftigt ist, jeder dem anderen seine ganz spezielle Art von Rheuma und die Behandlungsmethode dagegen in allen Einzelheiten zu beschreiben. Es verbindet und wärmt geradezu das Herz, wenn man feststellt, daß auch andere Genossen der Jugend nunmehr eine Schulter haben, die auf Zug empfindlich reagiert. Überhaupt Zug: Jahrzehntelang hat man so recht gar nicht gewußt, was das war, und immer vermutet, daß sich die anderen anstellten, wenn sie klagten: „Es zieht!" Irgendwie, ohne daß man es gemerkt hat, ist einem selber nun ebenfalls die Fähigkeit zugewachsen, sanfteste Luftströmungen in Räumen zu empfinden – und zwar recht unangenehm. Und das Unbehagen, das Lärm verursachen kann – man lernt es kennen, nachdem man lange Zeit in schöner Unbefangenheit selbst Lärm verursacht hat. Für den Rest seines Lebens hat man nun Gelegenheit, manches davon abzubüßen. Auch in dieser Beziehung ist man nicht allein – früher oder später leiden fast alle darunter.

Aber wir alle wollen nicht alt werden und kämpfen tapfer dagegen an: Haltung, Energie, Gymnastik, Kosmetik, Diät und was weiß ich sonst noch. Und wenn man uns mit früheren Generationen vergleicht, so haben wir doch in unserem Bemühen ganz schöne Erfolge. Trotzdem ist es sehr befreiend, bei anderen festzustellen, daß auch sie sich gegen den Zahn der Zeit tapfer zu wehren haben; daß auch sie etwa gegen eine Rolle kämpfen müssen, die die Neigung hat, sich um des Leibes Mitte zu legen; daß sie an einer Nacht ohne Schlaf zwei Tage zu tragen haben und nicht mehr ungestraft alles durcheinander essen und trinken können. Mit Befriedigung und Rührung stellen wir bei den Männern fest, daß die Haare sorgfältig über etwaige dünne Stellen geordnet sind (oft rutscht der Scheitel bis zum Ohr hinab!), daß eine gewisse Wohlbeleibtheit trotz strammer Haltung nicht mehr zu verleugnen ist und daß zum mindesten zwei der Vorderzähne viel schöner sind, als sie früher je waren. Und vom Sport, den die Herren früher betrieben haben, weil es ihnen Spaß machte, reden sie jetzt wie von einer Pflichtübung, der sie sich aus Gesundheitsgründen und zur Selbstkasteiung tapfer unterziehen. Manche gibt es übrigens, die werden und werden nicht älter, und leider muß man sagen: Je näher sie einem stehen, desto weniger freut es einen. Ich erinnere mich sehr gut an einen glücklichen Unterton in der Stimme einer Freundin, als sie klagte, jetzt bekäme ihr Mann leider einen Bauch.

Übrigens – um es klarzustellen –: Ich sprach hier keineswegs von alten Leuten. O nein, alt sind wir noch lange nicht! Und die jungen Leute, die noch kein bißchen ans Altern denken, werden sich wundern, wie früh man eine rheumatische Schulter, hundert weiße Haare und Ansätze zu Matronenspeck bekommen kann. Denn man hält es ja zunächst streng geheim und gibt es erst später nur Leidensgefährten gegenüber in vollem Ausmaße zu. Und schließlich ist alles relativ – auch das Alter. Wie sagte doch meine Tante Lisbeth, als sie zu ihrem fünfundneunzigsten Geburtstag ein schwarzes Seidenkleid bekommen sollte: „Schwarz auf keinen Fall, das kann ich später immer noch tragen!"

Erkenne dich selbst!

„Guck mal schnell", pflegte unsere gute Tante zu sagen, „bin ich wohl genau so dick wie die da?" Dabei zeigte sie auf irgendeine Person von stattlichem Umfang, die vorbeipromenierte oder wegen eines sichtlich strammen Korsetts sehr aufrecht auf einem Cafésessel saß oder ihre schwellenden Formen am Strande zur Schau trug. Unnötig zu sagen, daß die Tante zum mindesten das war, was man als „vollschlank" zu bezeichnen pflegt, und fast genau so unnötig, daß wir ihre Frage eigentlich immer mit Nachdruck verneinten, teils, weil dies der reinen Wahrheit entsprach, teils, weil wir die gute Tante liebten und nicht kränken wollten. Ob sie wohl je gewußt hat, wie dick sie wirklich war? Dies Beispiel lehrt, daß auf das Urteil anderer nicht immer Verlaß ist. Oder was antworten Sie etwa, wenn man Sie fragt: „Sehe ich wohl schon genauso alt aus wie Frau Grünewald?"

Auch Leute, die es eigentlich von Berufs wegen besser wissen müßten, sind in ihrer Beurteilung nicht immer unbestechlich, wie jede Frau weiß, die sich schon einmal von einer Verkäuferin zu einem Kleid hat überreden lassen, bei dem sie selbst gleich das dunkle Gefühl hatte, es wäre eigentlich – wenn auch ein richtiges Traumkleid – doch kein Kleid für sie selbst. Und so hängt es dann wunderschön anzusehen ständig auf dem Bügel. Zieht man es aber an, so wirkt es weit weniger überzeugend. Und wenn man sich auch vor dem Spiegel vorteilhaft aufstellt, den Gürtel enger schnallt, die Hände in die Taschen steckt und den

Bauch einzieht – es will und will nicht zu einem richtigen Traumkleid werden. Hätte man doch bloß nicht auf die Lobeshymnen der Verkäuferin gehört sondern auf die eigene innere Stimme!

Diese innere Stimme muß bei mancher Dame sehr, sehr leise sein, so daß sie nicht imstande ist, von einer verhängnisvollen Liebe zu ärmellosen Kleidern bei schwellenden Oberarmen abzuraten, oder von kurzen Röcken bei dikken Knien, von Schleifchen bei gesetzterem Alter, von knackig engen Hosen, die Falten produzieren, wo keine hingehören, und von mancherlei Kopfbedeckungen überhaupt. Mit solchen und ähnlichen schrecklichen Beispielen vor Augen verzichtet man zunächst auf den Ankauf eines rosa Flatterkleides („Wie für Sie angefertigt, gnädige Frau ...") und beschließt Selbstkritik.

Das beginnt mit einer genauen Musterung vor dem Spiegel. In manchen Büchern übrigens tut dies am Anfang des Geschehens die Heldin auch – schon damit der Leser erfährt, wie sie aussieht – und stellt eigentlich immer zum mindesten fest, daß die eine zierliche Taille und große leuchtende (oder fragende) Augen hat. Leider trifft dies in der rauhen Wirklichkeit nicht immer zu, und auch sonst gibt es manches auszusetzen; vor allem, wenn man sich einmal genauso aufbaut, wie man ohne Spiegel herumzustehen und dreinzusehen pflegt, so richtig lässig mit krummem Rücken und leicht vorgeschobenem Bauch. Die Frisur – kritisch mit einem zweiten Spiegel von der Seite gesehen, ist auch nicht so einleuchtend wie von vorn, die Stirn ist ein wenig gekraust und die Bluse kommt wieder zu weit aus dem Rock heraus. Das Ganze ist eher deprimierend, und es geschieht gar nicht einmal so selten, daß sonst langjährig Erwachsene sich in solchen Momenten der Selbstkritik selbst die Zunge hinausstrecken. Dann jedoch nimmt man unwillkürlich Haltung an, stopft die Bluse hinein, greift nach dem Kamm und produziert ein kleidsames Lächeln. Na, also! Es könnte zwar besser sein, aber so schlimm sieht man schließlich auch wieder nicht aus! Obwohl natürlich große, leuchtende – oder fragende – Augen die Gesamterscheinung noch heben könnten.

Daß solche selbstkritischen Musterungen zumeist noch weitere Folgen haben, versteht sich von selbst. Das kann sich um den Ankauf eines neuen Morgenrocks oder Lidschattens handeln, um einen Gang zum Coiffeur oder zur Kosmetikerin, um den vorläufigen Verzicht auf mancherlei wohlschmeckende Speisen und den endgültigen Verzicht auf einen arg eng sitzenden Rock und eine rutschige Bluse.

Manchmal ist es aber auch eine fatale Vorliebe für Sachen, die – an sich hübsch – aber nicht für einen selbst geschaffen sind, von denen man in tapferer Einsicht für immer Abschied nimmt, für enge breite Gürtel etwa oder lange Hängelocken, für Baumelohrringe oder eulenäugige Sonnenbrillen.

Zum Lohn für solch selbstkritisches Streben erlebt man zumeist doch Momente, in denen man eigentlich so einigermaßen mit sich zufrieden ist. Sollte man das aber nicht sein, so sollte man einmal im Vorübergehen darauf achten, ob man wohl mehr Leute sieht, die so aussehen, daß man gern mit ihnen tauschen möchte, oder ob es mehr von der gegenteiligen Sorte gibt. Ich wette, Sie treffen nur ganz wenige zum Tauschen. Aber fragen Sie niemanden, ob die Vorübergehenden dicker oder schöner oder eleganter sind als Sie. Fragen Sie höchstens, ob Ihr Kleid unter dem Mantel herausschaut. Da bekommt man merkwürdigerweise immer eine korrekte Antwort.

Hast du meine Brille nicht gesehen?

Früher war es für ein junges Mädchen oft ein schweres Schicksal, wenn ein mehr auf gutes Sehen und gesunde Augen denn auf Schönheit bedachter Arzt es zum Tragen einer Brille verurteilte. Es litt entsetzlich und war eigentlich immer darauf bedacht, die Brille nicht zu tragen. Es stolperte durch die Stadt – möglichst am Arm einer nicht gleichfalls kurzsichtigen Freundin – und sah die schönsten Schaufenster nicht. Es übersah wichtige Lehrerinnen, grüßte den Direktor nicht und strahlte Tanzstundenjünglinge an, die es eigentlich verachtete, weil es sie für die hielt, die es ganz und gar nicht verachtete. Und was vielleicht das Allerquälendste war: Die wundervollsten Filme verschwammen vor seinen Augen, weil das arme kurzsichtige Mädchen nicht um alle Welt den Verehrer zu seiner Linken wissen lassen wollte, daß es eigentlich bebrillt sein müsse. Der Eintritt in eine größere Gesellschaft war einfach eine Katastrophe, und alle Nachbarn tuschelten von unsäglichem Hochmut. Zuweilen legte es die Zeigefinger an die Augenwinkel und zog sich seitliche Schlitzaugen, weil das offenbar in entscheidenden Momenten die Scharfsichtigkeit erhöhte. Heute dagegen tragen selbst Mannequins, die für gestaltformende Hüfthalter (die sie selbstverständlich nicht nötig hätten) werben, Brillen. Von denen gibt es jetzt so herrliche Ausführungen, daß jemand, der nur eine Sonnenbrille sein eigen nennt, fast neidisch werden könnte. Auch anerkannte Schönheiten verstecken durchaus nicht ihre Augengläser.

Eigentlich könnte also jede Frau dieses ihr Schicksal unbekümmert tragen, ganz abgesehen davon, daß sie ihr Problem auch meist durch Haftschalen lösen könnte. Trotzdem sieht man unbegreiflicherweise immer noch Zeigefinger, die Schlitzaugen ziehen.

Außer den Brillen, die man gewissermaßen von klein auf trägt, gibt es noch die, die einem in reiferen Lebensjahren verordnet werden, wenn alle Nadelöhre beginnen, enger zu werden und alle Bücher einen schlechten und zu kleinen Druck haben. Denn leider geht es nicht vielen Leuten so wie den rüstigen Jubelgreisen, von denen immer anläßlich ihrer Jubeltage in den Zeitungen steht, daß sie eben diese Zeitung auch ohne Brille läsen. Der Durchschnittsmensch muß eines Tages in den sauren Apfel beißen: zugeben, daß es wirklich nicht nur am schlechten Druck liegen kann und sich zu einer Brille bequemen. Natürlich ist das keine Schande, und ganz sicher gibt es wundervolle Modelle, die manchmal überhaupt erst dem Gesicht den richtigen Ausdruck verleihen – aber es läßt sich doch nicht ganz darüber hinwegsehen, daß es sich hier unleugbar um eine echte Alterserscheinung handelt; um eine Alterserscheinung, die bedrückenderweise dann schon da ist, wenn man eigentlich sonst so recht noch nichts Beängstigendes merkt. Immerhin ist es ein Trost, wenn andere Generationsgenossinnen schon viel länger eine Brille tragen oder viel schärfere Gläser benötigen. Selbstverständlich tauschen nämlich neue Brillenträger mit anderen neuen Brillenträgern ihre Exemplare probeweise aus und stellen mit neuerworbenem Fachwissen fest, daß ihr alter lieber Freund offenbar links schlechter sieht als rechts. Übrigens findet man bei dieser Gelegenheit oft die andere Brille viel schöner und beschließt, wenn das jetzige teure Gestell entzwei ist, auch die andere Ausführung zu nehmen. Leider aber haben Brillen die fatale Eigenschaft, immer nur dann zu zerbrechen, wenn man es ganz und gar nicht gebrauchen kann. Überfällige Modelle dagegen gehen so gut wie nie kaputt. Es gibt Brillen, die ein sagenhaftes Alter erreichen. Und da der Mensch sich scheut, Dinge wegzuwerfen, die noch gebrauchsfähig sind, überleben manche Exemplare ihre Besitzer und vererben sich weiter. Großmutters Strickbrille beispielsweise, ein besonders ehrwürdiges Exemplar à la Geheimrat Virchow, das sie bei besonders kniffligen Handarbeiten über ihrer Lesebrille zu tragen pflegte, prangt heute auf der Nase meiner ältesten Tante, wenn sie nach gefallenen Maschen in den Schulnadelarbeitswerkstücken ihrer Großnichte fahndet. Und auch die Lesebrille ist nicht etwa weggeworfen, sondern wird als Aushilfsbrille für vergeßliche Besucher im Hause meines Onkels in Ehren gehalten.

Ganz offensichtlich neigen nämlich Brillen dazu, verlorenzugehen und vergessen zu werden. Wer je ein kleines Kind mit Brille näher kennengelernt hat, weiß, an was für abenteuerlichen Orten man zuweilen suchen muß. Oder würden Sie gleich darauf verfallen, auf der Nase des nachbarlichen Teddybären und in der Bademanteltasche des großen Bruders nachzuschauen? Aber bei Erwachsenen ist das nicht sehr viel anders, und die Ehefrau, die bei plötzlicher Notwendigkeit zu Scharfsicht immer die Hand bittend nach der oberen Jackentasche ihres Mannes ausstreckt, ist sicher kein Sonderfall.

Bis jetzt suche ich nur nach meiner Sonnenbrille. Aber eigentlich suche ich sie ständig, sobald nur die Sonne scheint. Und deswegen – aber ganz gewiß nur deswegen – fürchte ich mich auch davor, eine Brille verordnet zu bekommen!

Das habe ich schön gefunden?

Wenn Sie nicht mehr ganz jung sind – und das Nicht-mehr-ganz-jung-Sein fängt in diesem Zusammenhang unter Umständen sehr früh an – ist Ihnen sicher auch schon dies geschehen: irgendein Film, den Sie früher einmal gesehen haben, wird neu aufgeführt, sei's im Kino, sei's im Fernsehen. Sie erinnern sich genau an den Film, haben Sie ihn doch vor soundsoviel Jahren voller Begeisterung angeschaut. Es war ein hinreißender Film, und Sie und alle Leute, mit denen Sie damals umgingen, schwärmten für ihn und diskutierten ihn. Und weil Sie nun ein mitteilsamer Mensch sind, machen Sie alle möglichen – vor allem junge – Leute auf das in Aussicht stehende Kunstwerk aufmerksam: „Das müßt ihr euch einfach ansehen!"

So sitzen Sie dann eines Tages im Kreise junger Leute vor diesem Film. Und dann passiert's: Zuerst wollen Sie es nicht wahrhaben; aber war der Anfang damals auch schon so langatmig? Sah die Heldin wirklich so ungünstig zurecht gemacht aus, und war der Held wirklich so auf die Nerven gehend edel? Irgendwann beginnen die jungen Leute, die doch sonst ein wenig auf Ihren Geschmack geben, Sie verwundert von der Seite anzusehen, und dann ist der Augenblick nicht mehr fern, wo ihre Mitseher ungeniert anfangen zu kichern, und zwar selbstverständlich an den hochdramatischen oder tieftragischen Stellen. Zuerst ist man geneigt, die jugendlichen Mitzuschauer einfach albern zu finden, aber dann wird einem das klar, was man eigentlich nicht glauben will: dieser Film ist in Wahrheit fürchterlich. Und das hat man einmal schön gefunden! Wie konnte das bloß geschehen? Man geniert sich in Grund und Boden.

Vielleicht rufen Sie, wie ich, am nächsten Morgen Ihre beste Schulfreundin an. Und wenn Sie sie dann fragen: „Hast du gestern auch ‚Zu neuen Ufern' gesehen?" wird sie vielleicht antworten: „Sei bloß davon ruhig! Ich hatte extra meinen Kindern gesagt, sie sollten sich dies unbedingt ansehen! Seitdem halten die mich für total bescheuert!" Dies tröstet etwas, wenn auch der Gedanke an einem nagt, was für einen merkwürdigen Geschmack man doch offenbar früher gehabt haben muß.

Bei Büchern kann es einem ganz genauso gehen, weswegen es sich empfiehlt, Werke, für die man vor Jahren geschwärmt hat, lieber noch einmal nachzulesen, ehe man sie seinen Mitmenschen anpreist. Wie leicht kann es passieren, daß das Buch, bei dessen Lektüre man früher wohltätige Tränen vergoß, jetzt ganz unverkennbar die Lachmuskeln reizt. Die Leute in den Büchern, deren Motive man damals billigte oder doch wenigstens verstand, erscheinen einem jetzt als reaktionäre oder verklemmte oder hoffnungslos sentimentale Gestalten, deren Tun man nur noch mit Verwunderung, aber nicht mehr mit Anteilnahme verfolgen kann, und beim Thema drängt sich einem oft der Gedanke von viel Geschrei um wenig Wolle auf. Bei manchen Büchern geht dieses Altern übrigens sehr schnell – man schaue sich nur einmal die zehn Jahre alten Bestseller an.

Tief deprimierend kann auch das Wiedersehen mit den Künstlern früherer Jahre sein. Was – um Himmelswillen – fand man an dem und jenem komisch? Und wurde einem beim Anblick dieses plüschäugigen Schönlings wirklich einmal warm ums Herz? Die jungen Mädchen um uns herum lachen sich halb tot bei seinem Anblick und betrachten uns fortan mit milder Verachtung. Hätte man doch Bel Ami nie wiedergesehen, sondern so in

Erinnerung behalten, wie man ihn in Erinnerung hatte! Und wenn man gar manche von jenen Sängerinnen wiedersieht, die in den großen alten Revuefilmen einst unsere Begeisterung erregten, denkt man erschüttert: Dies kann ja wohl nicht wahr sein! Das hast du wirklich schön gefunden! Hat einen denn damals das affektierte Getue, das scheußliche Rüschenkleid und das trillernde Lachen überhaupt nicht gestört? Und ein ganz kleines bißchen zu mollig für heutige Idealvorstellungen sind sie auch noch fast alle.

Verschreckt durch solche Erfahrungen traut sich der Mensch schließlich überhaupt nicht mehr, von alten Kunsteindrücken zu schwärmen, und beginnt die Generationen glücklich zu preisen, deren Kunsteindrücke – sofern sie nicht aus Büchern stammten – nicht für die Ewigkeit überliefert werden konnten. Wer weiß, ob man sich nicht über Kainz oder die Duse halbtot lachen würde, und ob nicht Caruso oder Richard Tauber – könnten wir ein Wiedersehen mit ihnen feiern – sehr an Glanz und Schimmer verlören. Manchmal aber passiert es, daß etwas, das einen früher begeisterte, immer noch hinreißt. Warum gerade dieser Künstler, dieser Film, dieses Buch immer noch packt, ist schwer zu sagen, und schon gar nicht vorher. Deshalb hat man auch – durch demütigende Erfahrungen vorsichtig gemacht – niemanden dazugeholt.

Unter Umständen bekommt man dann von den jungen Leuten, die nur noch die Hälfte im Fernsehen mitbekommen, den Vorwurf: „Warum hast du denn nicht rechtzeitig Bescheid gesagt? Du mußt das doch früher gesehen haben?"

Ja, eben drum!

Der tägliche Trott

Auch wenn man gerade kein langweiliges Leben führt, so gleicht doch irgendwie ein gewöhnlicher Alltag dem anderen – wenigstens für die meisten Menschen. Es beginnt damit, daß man ungefähr um die gleiche Stunde aufsteht und sich anzieht. Schon bei diesen einfachen Verrichtungen hat jeder seinen eigenen, ganz persönlichen Trott, den er sich im Laufe seines langen oder kurzen Lebens eingetrottet hat und nun strikt innehält: der eine steigt schlaftrunken und für die Umwelt noch nicht bereit aus dem Bett, holt die Zeitung und legt sich zunächst lesend wieder nieder, ein anderer treibt Frühsport, und ein dritter begibt sich fröhlich plaudernd ans Fenster und kommentiert die Wetterlage. Mancher stellt vom Bett aus das Radio an, mancher greift als erstes zu Tabletten, und mancher räkelt sich ergiebig und gähnt mißtönend und herzhaft. Der eine ist für Gutenmorgenküsse, und der andere ist fürs erste nicht ansprechbar.

Auch im Badezimmer herrschen festgefahrene Bräuche: ob und was man etwa bei der morgendlichen Wäsche trägt, ob man sich zunächst rasiert und dann wäscht, wann man sich die Zähne putzt, wie oft man den Mund spült und ob man die Zahnpastatube gleich nach Gebrauch oder erst nach beendetem Zähneputzen wieder zuschraubt – alles geschieht ganz unbewußt jeden Morgen nach dem gleichen Schema. Es gibt übrigens auch Menschen, die die Zahnpastatube nie zuschrauben. Dann gehört es eben zum täglichen Trott ihrer Mitmenschen, sich darüber zu ärgern. Natürlich ärgert man sich auch, wenn der eigene Trott unter Störungen leidet – sei es, daß jemand anders frevelhaft den Rasierapparat benutzt hat, der nun nicht an der üblichen Stelle liegt, sei es, daß man in seinem Morgengesang durch lästige Anfragen unterbrochen wird. Und jeder kennt auch wohl das ärgerlichste und jammervolle Gefühl, wenn man triefend durch die Wohnung eilt und nach den Handtüchern sucht, die durch irgendeine häusliche Fehlleistung verschwunden sind. Jeden Morgen singt dann die eine Hausfrau „Das Frühstück ist fertig ..." im gleichen Dreiklang durchs Haus, und die andere stellt fest: „Der erste Schluck Kaffee ist doch das Beste vom Tage ..." Einer trinkt zuerst einen Schluck Tee und streicht sich dann ein Brötchen, während der andere sich zunächst alles sorgfältig vorbereitet und dann erst etwas zu sich nimmt. Der eine konstatiert jeden Morgen: „Salz gibt's hier wohl nicht", woraufhin ihm mindestens zwei Familienmitglieder Salz reichen, und ein anderer schneidet sorgfältig die überhängenden Enden einer Scheibe Schinken rund um sein Brot ab und ißt sie so.

Auch das Verlassen des Hauses geschieht meist nach einem festen Ritus: ein Abschiedskuß oder keiner, Abschließen oder Offenlassen der Tür, Griff nach dem Schlüsselbrett und dem Garderobenhaken – ein Abweichen vom täglichen Trott bedeutet immer ein außerordentliches Ereignis. Kein Abschiedskuß – dann schwelt sicher ein Krach! Oder mehrere Abschiedsküsse – das hätte die umgekehrte Bedeutung! Genauso wäre es mit dem Winken oder der üblichen Begleitung bis zur Korridortür. Viele dieser täglichen Handlungen geschehen ganz automatisch, und man könnte die größte Verwirrung anstiften mit Fragen wie: „Hast du auch deine Tabletten genommen? ... Hast du ein Taschentuch eingesteckt? ... Ist die Garagentür abgeschlossen ... Ist deine Uhr aufgezogen? ..." Der Mensch, der wie ein präziser Roboter jeden Morgen seinen Schlüssel zu sich steckt, das Licht im Schlafzimmer ausmacht und den Vogel füttert, wird sofort unsicher nach Vogel, Schlüssel und Licht sehen, wenn man ihn danach fragt. Deshalb kann man auch Hausfrauen in abgrundtiefe, verzweifelte Unsicherheit stürzen, wenn man sie etwa auf der Urlaubsreise, fünfhundert Kilometer von daheim entfernt, streng prüft: „Ist auch das Gas nicht aufgedreht?" „Hast du auch das Bügeleisen abgeschaltet?" Immer schaltet sie ab und dreht sie aus, ohne darüber nachzudenken – aber wenn man so direkt fragt! Auch Fahrkarten oder Theaterkarten pflegt man ganz automatisch einzustecken. Trotzdem kenne ich keinen, der auf eine diesbezügliche Anfrage hin unbesehen antwortet und nicht doch lieber noch einmal sicherheitshalber nachsieht.

Da der Mensch nun einmal ein Knecht seiner Gewohnheiten ist, hat er auch bei seiner Arbeit die merkwürdigsten Gesetzmäßigkeiten. Sekretärinnen, Beifahrer, Lehrlinge wissen davon ein nicht immer fröhliches Lied zu singen. Auch die Hausfrau macht, ohne daß sie Gründe dafür anzugeben vermöchte, stets dieses Bett zuerst und jenes zuletzt, und manchmal weiß sie das noch nicht einmal. Sie putzt zuerst das Gemüse und schält dann die Kartoffeln, und wenn sie sich beim Waschbeckenreinigen im Spiegel sieht, steckt sie sich selbst die Zunge heraus – mit einem unleugbaren Gefühl des Überdrusses.

Glücklich sind die Menschen zu preisen, bei denen nicht auch der Abend in den täglichen Trott einbezogen ist: heimkommen, Gutenabendkuß, Essen, Pantoffeln an, Zeitung oder Fernsehen, gute Nacht! Die Unglücklichen aber, gleichgültig, ob jung oder alt, bei denen das doch der Fall sein sollte, sind am allermeisten zu bedauern, wenn sie sich mit einem solchen Trott tatsächlich schon abgefunden haben.

Ein Königreich für einen Groschen

Haben Sie schon einmal kein Geld gehabt? Ich meine jetzt nicht die finanzielle Situation, in der man etwa überlegt, wie man sich bis zum nächsten Ersten durchlaviert. Oder die, in der man weit über seine Verhältnisse gelebt und gekauft hat und nun nicht weiß, wie man wieder aus den Schulden herauskommt. Nein, ich meine es buchstäblich: aus irgendeinem Grund hat man keinen Pfennig im Portemonnaie oder noch nicht einmal ein Portemonnaie. Was dann?

Zum erstenmal erlebte ich diese Situation auf einem Ausflug in einer ganz fremden Stadt, als wir – eine Schar junger Mädchen – statt am Morgen, wie geplant, erst am Abend nach Hause fahren konnten, weil zwei von uns den Zug verpaßt hatten. Zuerst großer Jubel, dann aber stellte sich heraus, daß wir uns alle nahezu verausgabt hatten. Was aber tut man im Winter in einer ausländischen Stadt fast ohne Geld einen ganzen Tag lang? Zunächst einmal versuchten wir, von allen bereits geschriebenen Ansichtskarten die Briefmarken wieder herunterzuklauben und in Bargeld umzutauschen, was gar nicht so einfach war. Dann wurde errechnet, daß für jeden ein Kinobesuch im Flohkino zum Aufwärmen und zwei trockene Brötchen möglich seien. Der Kinobesuch sei tunlichst durch das Ansehen von zwei Vorstellungen hintereinander zu verlängern. Aber ein Tag ist endlos, und man wird bei solcher Gelegenheit so recht gewahr, wie wenig es doch auf dieser Welt umsonst gibt. Und noch nicht einmal zudringliche junge

Männer, die uns sonst auf dieser Reise immer angesprochen hatten und stolz zurückgewiesen worden waren, stellten sich ein. Dabei waren wir doch fest entschlossen, uns diesmal einladen zu lassen. Aber so geht es eben ganz armen Leuten – kein Mensch lädt sie ein! Als weiteren Fluch der zivilisierten Gesellschaft lernten wir auch die Tatsache anzusehen, daß alle Damentoilettenfrauen Geld haben wollen. Dies spezielle Problem tauchte übrigens bei mehreren Damen auf, mit denen ich die Erfahrung „kein Geld in der Tasche" besprochen habe. Man erfährt die abenteuerlichsten Geschichten, angefangen vom heimlichen Hinausschleichen bis zum echten Diebstahl, den eine sehr distinguierte Dame beging, indem sie schlicht vom Teller der Klofrau zwanzig Pfennig stahl, um später damit zu bezahlen. Allerdings scheute sie davor zurück, auch noch das Trinkgeld zu stehlen, das sie sonst zu geben pflegt.

Man kann aus den verschiedensten Gründen plötzlich geldlos sein: Man hat das Portemonnaie vergessen oder die falsche Handtasche mit, man hat zwei Scheine statt einen weggegeben, oder man hat ganz einfach den Überblick verloren und angenommen, irgendwo stecke noch Geld. Auf jeden Fall ist man arm wie eine Kirchenmaus. Es ist übrigens sehr viel leichter, wenn man abends nur mal schnell ohne Handtasche mit dem Auto irgendwohin gefahren ist und ohne Benzin stehenbleibt, an einer wildfremden Tankstelle ohne Geld Benzin zu bekommen, als im Omnibus oder in der Straßenbahn zwanzig Pfennig Kredit. Das weiß jedermann, der in einer solchen Situation schon einmal alle Groschen zusammengeklaubt hat, um auf beispielsweise achtzig Pfennig zu kommen, obwohl er ziemlich sicher ist, daß er diese Summe nie zusammenbekommt. Außer den verschiedensten Jacken-, Mantel- und Hosentaschen gibt es in solchen Augenblicken wahre Fundgruben für kleine Münzen: das Spiegeltäschchen in der Handtasche, alle Zellophanausweishüllen, zusammengeknautschte Taschentücher und unter Umständen auch das Innenfutter von Jackentaschen. Man bekommt ein ganz anderes Verhältnis zum Geld, wenn man errechnet hat, daß einem für die Fahrkarte noch siebzehn Pfennig fehlen, und man findet im Halsbandtäschchen des Hundes ein blankes Fünfzig-Pfennig-Stück.

Übrigens schenken nach allen Erfahrungen auch wildfremde Menschen gern ein paar Groschen her, wenn sie bemerken, daß man in scheußlicher Verlegenheit ist, aber man kann sie ja nicht gerade anbetteln. Man kann auch nicht telefonische Hilfe herbeirufen, wenn einem die Telefongroschen fehlen. Kurzum – man steht plötzlich wie ein Ausgestoßener in der modernen Welt und beginnt, auf die Straße zu schauen, ob man dort nicht zufällig den Groschen wiederfindet, den man neulich in hochmütiger Vermessenheit nicht aufgehoben hat. Weit davon entfernt, durch Armut geadelt zu werden, fängt man begehrlich an, auf das Kleingeld zu schielen, das ehrliche Zeitungskäufer einfach neben den Zeitungsstapel auf einen Teller gelegt haben, oder überlegt sich die überraschten Ausrufe, die man in der nur mit Bahnsteigkarte bestiegenen Eisenbahn ausstoßen wird, wenn der Kontrolleur kommt und man dann sein Portemonnaie, in dem sich angeblich Geld und Fahrkarte (natürlich mit Zuschlag) befanden, trotz fieberhaften Suchens nicht finden kann.

Wie alle Leute, die je Möbel oder Autos oder Häuser gekauft haben, stand auch ich von Zeit zu Zeit in Kreditverhandlungen. Die härtesten Verhandlungen aber erlebte ich in München, als ich dereinst leichtfertig den Zug von Rom nach Hamburg dortselbst verlassen hatte, um Freunde in Rosenheim zu besuchen. Der Urlaub hatte aber das Vermögen so weit aufgezehrt, daß fünf Mark am Reisegeld nach Rosenheim fehlten. An dieser Stelle möchte ich mich noch einmal bei der Münchener Bahnhofsmission bedanken. Ich möchte mich auch noch bei jener freundlichen alten Dame bedanken, die mir einmal in der Bahn von Frankfurt nach Oberursel dreißig Pfennig geschenkt hat. Aber mein tiefstes Mißfallen spreche ich hiermit jenen S-Bahn-Schalterbeamten am Hamburger Hauptbahnhof aus, die vor Jahren meine kleine Tochter unerbittlich zurückschickten, als sie ihr Portemonnaie verloren hatte, und ihr noch nicht einmal zwanzig Pfennig für ein Telefongespräch liehen!

Nur keinen Neid!

„Die Muhkühe", so sprach er gedankenvoll, „haben viele Beine und ich bloß sone paar!", und dann begann seine Unterlippe sich zitternd vorzuwölben, was immer den Beginn eines markerschütternden Gebrülls ankündigte, das dann auch prompt folgte. Der Schreihals war noch nicht ganz drei Jahre alt und erlitt soeben einen echten Anfall von übelstem Neid, von jenem Neid, der einen bewegt, wenn man dem andern etwas von Herzen mißgönnt und es haben will, nicht, weil man es brauchen könnte, sondern einzig und allein, weil der andere es besitzt. Es ist ganz klar, daß es ein Kind schmerzen muß, wenn ein anderes Kind eine Tüte Bonbons besitzt und es selbst keine hat, aber ganz offenbar berührt es auch schmerzlich, wenn andere Kinder ein Pflaster am Kopf, einen Opa mit Krückstock, eine Maus im Keller oder einen Stock haben, der nach genauestem Vergleich zweieinhalb Zentimeter länger ist als der eigene. Sehr viel vernünftiger ist der erwachsene Mensch aber auch nicht immer. Wie wäre es sonst möglich, daß eine mittelalterliche, höchst unsportliche Dame, die seit Jahr und Tag außer in ihre Badewanne nie in ein Wasser gestiegen ist, hochmütig die Stirn runzelt, wenn sich ihre Nachbarin ein kleines Schwimmbad in den Garten baut? Warum ärgert sich der Mensch, der nie Schach gespielt hat, wenn irgendein Bekannter Schachmeister wird? Und wieso stört es manchen ganz offensichtlich, wenn die entzückende Tochter eines schwerreichen Vaters einen gleichfalls finanziell sehr wohlfundierten Mann heiratet, obgleich der Mißgünstige selbst gar keine Töchter in die Welt gesetzt hat?

Neben jener besonders bösen Art von Neid, die einfach das Glück anderer stört, gibt es aber auch den sehr viel menschlicheren, der rasend gern das auch haben möchte, was andere haben. Natürlich freut man sich, daß die beste Freundin ein Juwel von Putzfrau hat, und man gönnt sie ihr auch von ganzem Herzen – aber ein bißchen piekt es einen doch, daß man selbst immer und immer auf diesem Gebiet Pech hat. Und wenn man die beiden herrlichen neuen Sofas mit losen Daunenkissen gezeigt bekommt, so schleicht sich doch neben aller Bewunderung der Gedanke ein, daß das haargenau die Sofas sind, die man immer schon haben wollte. Oder aber die Freunde, mit denen man seit Jahren immer wieder bis auf den Pfennig die Finanzierung von Einfamilienhäusern durchgerechnet hat, erben plötzlich einen herrlichen Bungalow – ein bißchen hadert man dann doch mit dem Schicksal, das einem selbst jede Art von Erbonkel versagt hat. Es ist auch nicht so, daß es einen nur mit reiner Freude und Anerkennung erfüllt, wenn Schulkameradinnen nach Jahren außergewöhnlich jung oder schön oder schlank oder erfolgreich sind. Und manche Bewunderung für die in der Schule fabelhaften Kinder von lieben Verwandten muß man sich etwas schwer vom Herzen ringen, wenn die eigenen Kinder gerade wieder einmal für blaue Briefe gesorgt haben.

Wenn Menschen, die man gern mag, etwas haben, was man auch heiß begehrt, so stört einen allerdings meist nur der eigene, unerfüllte Wunsch. Ganz anders aber ist es, wenn Leute, die wir nicht ausstehen können, im Besitze dessen sind, was wir so schrecklich gern hätten.

Die Smaragdohrringe unserer Freundin erfüllen uns – abgesehen von einem leisen neidvollen Stich – denn doch mit echter Mitfreude. Den gleichen Schmuck aber an den Ohren einer arroganten und dummen Person finden wir empörend. Und wenn ein widerlich reicher und dazu noch unsympathischer Mensch auf dem Wohltätigkeitsball das einzige Auto gewinnt, so ist unser Ärger darüber, daß wir es nicht gewonnen haben, besonders intensiv. Diese Art von Gedankengängen schleichen sich übrigens bei Testamentseröffnungen besonders häufig ein: „Wenn Onkel Wilhelm schon uns nichts vererben wollte, warum dann ausgerechnet den scheinheiligen Töchtern von Tante Hilde, mit denen wir schon als Kinder nicht spielen mochten, weil sie immer petzten?" Und obgleich es einen schmerzt, daß man die entzückende altmodische Perlenbrosche, die Großmutter immer zum Schwarzseidenen trug, nicht bekommt, so schmerzt es einen besonders, daß nun die angeheiratete Schwägerin, die sowieso strenggenommen gar nicht in die Familie paßt, damit herumstolzieren wird. Und das nur, weil sie sich nicht genierte, zeitig genug mit dem Zaunpfahl zu winken!

Eine besonders verbreitete Abart des Neides ist übrigens der Futterneid. Ich kenne kaum einen Menschen, der, wenn er im Restaurant bestellt hat und auf sein Essen wartet, nicht alles, was an ihm für andere Leute vorbeigetragen wird, lieber hätte, als das, was er selbst kriegen wird.

... das rechte Wort im rechten Moment

Bekanntlich ist Reden Silber, Schweigen aber Gold. Das steht in jedem Schullesebuch geschrieben und ist folglich unumstößlich wahr. Außerdem – wer hätte noch nie die Situation erlebt, tiefe und bittere Reue darüber zu empfinden, daß er es nicht fertigbrachte, den Mund zu halten, was zugegebenermaßen außerordentlich schwer ist? Obwohl also das Schweigen eine anerkannte Tugend ist, hat es doch einen fundamentalen Nachteil: es befriedigt einen manchmal gar nicht, wohingegen man durch das rechte Wort am rechten Ort im rechen Augenblick förmlich über sich selbst hinauszuwachsen vermeint: „Dem (oder der) hab' ich's aber gegeben!"

Kein sehr edles Gefühl und lange nicht so erhaben wie die eiserne Selbstzucht disziplinierten Schweigens – nur Silber, beileibe kein Gold. Und doch, rührt nicht in achtzig von hundert Fällen das so hoch bewertete Schweigen einfach daher, weil einem um die Welt nichts einfiel, was man auf die Unverschämtheit oder Taktlosigkeit eines lieben Mitmenschen niederschmetternd, aber dennoch mit eiskalter Liebenswürdigkeit, freundlich, aber mit treffender Ironie, kurz abfertigend, aber dennoch im Rahmen gesellschaftlicher Form hätte antworten können?

Es gibt nur ganz wenige Menschen, denen das Passende im richtigen Moment einfällt. Meistens werden sie später wegen ihrer Seltenheit zum Gegenstand eines Anekdotenbuches. Es ist sehr niederdrückend für einen gewöhnlichen Sterblichen, nachzulesen, was etwa Madame de Staël,

Talleyrand, Oscar Wilde oder Caesar für herrliche Entgegnungen eingefallen sind.

Natürlich fallen Ihnen und mir auch treffende Bemerkungen ein. Einige davon könnte man vielleicht auch drucken, so gut sind sie. Leider liegt der Unterschied zwischen den Berühmtheiten und uns darin, daß jenen die scharf geschliffenen und passenden Worte in dem Augenblick auf die Zunge kamen, in dem sie angebracht waren. Wir finden die scharfe und treffende Entgegnung auf Frau Grünewalds Anmaßung erst morgens im Bett oder abends beim Zähneputzen oder, im besten Falle, schon beim Verlassen des Grünewaldschen Hauses unten auf der Treppe. Die Genugtuung, sich vorzustellen, wie Frau Grünewalds Niederlage ausgefallen wäre, hätte man geistesgegenwärtig die (erst sechs Stunden später erfundene) Antwort parat gehabt, ist ziemlich kümmerlich.

Übrigens gibt es eine Menge Leute, die nach einiger Zeit nicht mehr recht auseinanderhalten können, was sie wirklich gesagt haben und was sie als schlagfertige Menschen hätten sagen können. Heldenhafte Dialoge mit dem Chef, dem Verkehrsschutzmann, dem Richter und sonstigen furchteinflößenden Persönlichkeiten inklusive der sagenhaft reichen Frau Kleinfeld haben hier ihren Ursprung. Darum soll man stets nur mit Vorbehalt glauben, wenn jemand stolz berichtet: „... und da habe ich ihm dann aber gesagt ..."

Es wird mir stets unerklärlich bleiben, warum einem manche Leute, denen man nie Böses tat, plötzlich ganz gräßliche Sachen sagen müssen. Wo die Männer am dicksten stehen, rufen solche Leute einem zu, daß sie auf unserm Scheitel ein weißes Haar entdeckt haben; angesichts unseres neuen Mantels erklären sie, jemanden zu kennen, der diese Farbe tadellos tragen könne; unsere Wohnung, auf die wir so stolz sind, nennen sie eine süße kleine Puppenstube und bewundern einen, daß man dort den Lärm vom Flugplatz aushalten könne. Außerdem erklären sie, daß etwa gleichaltrige Männer später immer ihre Frauen betrögen, daß wir unseren Mann besser füttern müßten, daß wir selbst einen müden und abgespannten Eindruck machten und daß die gleichen Schuhe, die wir hätten, im Warenhaus nur 49,90 Mark kosteten. Meist ist man so verdutzt, daß man die erste Bosheit erst richtig begriffen hat, wenn man bereits die dritte serviert bekommt.

In einem solchen Fall bereitet man sich auf das nächste Zusammentreffen vor. Wenn man die nötige Zeit hat, ist es gar nicht so schwer, auch seinerseits ein paar feine Bosheiten auszubrüten, die man bei der nächsten Gelegenheit der taktlosen Person versetzen will. Nach einem merkwürdigen Naturgesetz aber verhält sich diese, wenn man auf ihre Unverschämtheiten voller Spannung wartet, um elegant zurückzuschlagen, plötzlich tadellos – zu unserer schmerzlichen Enttäuschung. So gelingt es uns wieder nicht, unsere – wenn auch nicht ganz schlagfertige – Schlagfertigkeit unter Beweis zu stellen.

Doch manchmal wachsen wir über uns hinaus: in ganz seltenen Fällen verleiht uns doch einmal Entrüstung, Ärger oder gar Wut echte Beredsamkeit. Weder verhaspeln wir uns, noch sagen wir dreimal das gleiche, noch brechen wir gar in Tränen aus, und zu ausfallend, daß wir die Sympathien der Umstehenden verlieren, werden wir auch nicht. Nein, es gelingt uns wirklich einmal das rechte Wort. Wir verlassen als Siegerin auf der ganzen Linie den Schauplatz. Ein großer Augenblick, der gewiß Goldwert hat, obgleich Reden nur Silber sein soll.

Übrigens beantworteten wir als Kinder eine Zeitlang jede Beleidigung mit der stereotypen Wendung: „Wer es sagt, ist es selber!" Eine Antwort, die mancherlei Vorteile hat: zuerst einmal fallen alle mühsam erdachten Anwürfe des Gegners auf diesen zurück, was sehr verbitternd für ihn ist, sodann hat man diese Formel immer parat, und drittens braucht man sich in keinerlei geistige Unkosten zu stürzen. Ob man dadurch aber jemals der Held einer Anekdotensammlung wird, muß sehr bezweifelt werden.

Führen Sie auch Selbstgespräche?

Haben Sie das auch schon einmal erlebt? Man steht bei Rot an einer Kreuzung, und da man nichts Besseres zu tun hat, schaut man in die gleichfalls wartenden Wagen hinein. Plötzlich entdeckt man einen Herrn am Steuer, der offenbar lebhaft auf einen Mitfahrer einredet. Mit bekräftigenden Handbewegungen unterstreicht er seine Argumente, schüttelt mit dem Kopf und rümpft verachtungsvoll die Nase. Doch dann realisiert man plötzlich, daß dieser Mensch gar keinen Mitfahrer hat, sondern einzig und allein mit seiner eigenen Person debattiert. Manchmal merkt er übrigens auch, daß man ihn beobachtet hat, und das ist ihm sichtlich peinlich; er tut so, als habe er nur ein bißchen vor sich hingesungen und rhythmisch dazu den Takt getrommelt, und wenn wir höflich sind, schauen wir am besten in eine andere Richtung. Ganz offenbar existiert nämlich das Vorurteil, daß nur sehr alte und schon ein wenig vertrottelte Leute mit sich selbst sprechen; und jedermann ist deshalb ein wenig betreten, wenn er sich beim Selbstgespräch ertappt. Nun ziehen wir natürlich nicht wie jene stadtbekannten Originale immerfort vor uns hinmurmelnd durch die Straßen, aber so ganz manchmal unterhalten wir uns alle mit uns selbst. Am Alter kann es sicher nicht liegen, erinnere ich mich doch deutlich an das Gemurmel, das einmal aus unserem Badezimmer erscholl, in dem einzig und allein meine elfjährige Nichte weilte: „Immerzu waschen soll man sich hier – und das auch noch in den Ferien!“ Und aus dem Zimmer meines Sohnes vernahm ich einst einen Monolog, den ich zuerst voller Befriedigung für das Lernen der Hausaufgaben hielt, dann aber doch als eine Schmährede auf den Klassenlehrer identifizieren mußte. Fußtritte gegen den Schreibtisch bekräftigten die Argumente, und man konnte dem Pädagogen nur Glück wünschen, daß er sich mehrere Straßenzüge entfernt in Sicherheit befand.

Überhaupt haben viele Selbstgespräche Reden zum Inhalt, die man entweder jemandem halten will oder jemandem hätte halten sollen. Es sind ganz vorzügliche Ansprachen, die man da im Auto, im Bad, auf stillen Waldwegen oder auf dem Fahrrad halb denkt und halb murmelt, leider nur ist die Gelegenheit, sie zu halten, oft verpaßt, oder aber sie gelingen im entscheidenden Augenblick nicht halb so vollkommen wie beim gemurmelten Entwurf. Immerhin beruhigt es das aufgewühlte Gemüt, einmal wenigstens die Sache sorgfältig durchformuliert zu haben, und manchmal kann man wirklich später einmal auf diese oder jene Wendung zurückkommen.

Hausfrauen, die aus dem mehr geselligen Berufsleben in die absolute Einsamkeit der eigenen vier Wände versetzt worden sind, stellen plötzlich ziemlich befremdet fest, daß sie sich selbst halblaut mitteilen: „So, und jetzt noch die Ascheimer ..." oder: „Der blöde Hammer ist garantiert wieder im Heizungskeller ...", was ihnen einen gelinden Schock versetzt, denn so etwas ist ihnen in all den Bürojahren nie passiert. Übrigens muß leider festgestellt werden, daß der Mensch zumeist vor allem über unangenehme Dinge mit sich zu sprechen bereit ist. Um bei der Hausfrau zu bleiben: In den allerseltensten Fällen wird sie begeistert zu sich selbst sagen: „Wie herrlich ist mir der Pudding gelungen!", wenn dies der Fall ist. Mißrät aber die Nachspeise, so passiert es eher, daß durch die Küche der Ausruf: „Verdammt, der Mistpudding hat Klumpen!" schallt, auch, wenn außer der eigenen Person weit und breit kein Zuhörer vorhanden ist. So wie hier wird überall auf der Welt in mißlichen Situationen laut vor sich hingeschimpft – ganz gleich, ob man gegen eine offenstehende Schranktür gerannt ist, ob das Auto streikt, ob man in eine Schneewehe gerät, in einen Graben fällt, einen elektrischen Weidezaun zu spät als solchen erkennt oder aber feststellen muß, daß die dringend benötigten Streichhölzer feucht geworden sind – der Mensch flucht zum Teil recht lästerlich vor sich hin. Geht aber alles nach Wunsch, dann äußert er sich selbst gegenüber nie ein paar verbindliche Worte des Dankes. Im besten Fall wird er zufrieden vor sich hinsingen oder -pfeifen. Der einzige Mensch, den ich habe freundlich mit sich sprechen hören, war eine Dame, die aus gutem Grund vor schnellen Skiabfahrten Angst hatte. Sie sprach beruhigend auf sich ein, versäumte auch nicht, sich vorsorglich mitzuteilen: „Paß auf, gleich kommt der eklige enge Bogen!" und lobte sich selbst: „Also, das war ja schon recht gut!" Unter dauerndem Gemurmel kam sie schließlich ganz gut hinunter – natürlich ohne zu ahnen, daß ihre Vor- und Hintermänner im Skikurs die aufmunternden Reden immer mitgenossen. Aber – wie gesagt – so nett reden die Leute sehr selten mit sich selbst.

Wenn es auch sicher nichts schadet, daß der Mensch in Selbstgesprächen seinem Herzen Luft macht, so sollte er sich doch stets vor Übertreibungen hüten: Mit drohend geschwungenem Stock sollte man dabei beispielsweise nicht auf einsamen Waldwegen herumfuchteln, das kann andere Leute erschrecken. Auch sollte man nicht unüberlegt im Zorn nach wehrlosen Steinen treten, selbst wenn es eine besonders heftige Stelle im Monolog verlangt. Das habe ich nämlich mal getan – ausgerechnet, als ich vorne offene Sandalen trug, was ich in meiner Wut natürlich total vergessen hatte.

Katzenjammer nach dem Urlaub

Wochen-, ja monatelang hat man allen Widerwärtigkeiten des Lebens standgehalten im Gedanken daran, daß es ja nur noch acht oder sechs oder vier Wochen, nur noch zwanzig oder zehn oder drei Tage bis zum Urlaub sind. Diese Zeit muß noch durchgestanden werden, ganz gleich, ob es sich um Plackerei im Beruf, um Mühsale des Haushalts, um das Hindernisrennen der Kinder zur Versetzung und um den zu Zeiten schwierigen Umgang mit abgearbeiteten Mitmenschen handelt. Man strampelt sich gewissermaßen ab auf den Moment hin, wo man endlich mit gepackten Koffern in irgendeinem Verkehrsmittel sitzt und den Alltag mit seinen lästigen Anforderungen hinter sich läßt. Selbst, wenn man etwas Wichtiges versäumt haben sollte – nun kann man's doch nicht mehr ändern, und das hat ganz entschieden etwas für sich.

Obwohl er es doch eigentlich besser wissen müßte, hält der moderne Mensch den Urlaub für eine Art Allheilmittel. Zunächst einmal natürlich für die Gesundheit: man wird sich erholen und ausschlafen, man wird braun und hübsch und schlank und sportgestählt werden; Magenschmerzen, Herzflattern, Husten, Kreislaufbeschwerden und Pickel werden bestimmt auf und davon fliegen und ein tiefer fester Kinderschlaf stellt sich garantiert ein. Abgesehen davon glauben einsame Menschen an die Möglichkeit, den Partner fürs Leben zu finden, enttäuschte Frauen glauben daran, daß sich in dem bevorstehenden Urlaub ihr Mann wieder in den glühenden Verehrer von vor acht Jahren verwandelt, während der wieder auf ein gewaltiges Urlaubsquantum von Verständnis und Friedfertigkeit hofft; und Eltern bauen darauf, daß sich das durch schulische Belastungen angeknackste Verhältnis zu ihren Sprößlingen in eitel Freud und Wonne festigt, und auch der Hund soll im Urlaub endlich zu einem gepflegten, wohlerzogenen Wesen umfunktioniert werden.

So gut kann kaum ein Urlaub sein, wie er manchmal monatelang vorher geplant und erhofft wurde, aber selbst, wenn er ganz wunderbar war, so hat er doch immer einen entscheidenden Fehler: eines Tages – und zwar eines mit rasender Eile heranrückenden Tages – ist er zu Ende! Man ist wieder daheim. Und wenn man auch mit großer Überzeugungskraft versichert hat, wie sehr man sich auf zu Hause freut, so gibt es gewisse Momente, wo diese Freude doch wohl nur sehr verdeckt existiert. Berge von schmutziger Wäsche, das Staudenbeet im Schmucke mehrerer Distelfamilien, Spuren des wie immer gehetzten Aufbruches im Schlafzimmer, ein ganzer Stapel Post, in dem sich nichts Gescheites befindet, und ein Rest zu unappetitlich gewordenem Käse gewordener Kondensmilch im Kühlschrank machen einen trübsinnig. Der Büchsenöffner an der Wand ist immer noch kaputt – wie sollte er auch inzwischen repariert werden? –, und der Staub im Setzkasten zeugt von drei ungestörten Wochen. Manchmal ist auch ein lieber Mensch da, der nach dem Rechten gesehen hat, und gleich berichtet, daß das Dach undicht sei, die Putzfrau krank, daß der Nachbar wegen des Hundes gemeckert habe und wegen einer Party, die die daheimgebliebenen Sprößlinge (über die auch sonst einiges zu berichten sei) offensichtlich ohne unser Wissen aber mit allen Polstermöbeln im Garten gegeben hätten. Der graue Alltag hat einen wieder in seinen Klauen!

Und dann gibt es noch gewisse Momente, wo man so ganz besonders merkt, daß der Urlaub unweigerlich zu Ende ist: das erste Frühstück, das in grauer Frühe bereitet werden muß, das aus dem Schrank-Holen des, wie es in den

Modeheften so schön heißt, Carrier-girl Gewandes, die stereotype Rede an die Kinder: „Das kann doch nicht sein, daß ihr noch immer nichts aufhabt!?“, und der Anblick des Ehemannes, wie er angetan mit korrektem Hemd und Krawatte schon wieder etwas gereizt telefoniert. Das Bächlein Sand, das melancholisch aus den Urlaubsschuhen rieselt, kann einem vollends den Rest geben. Und wenn in solchem Moment noch Leute kommen und finden, man hätte sich wohl überhaupt nicht erholt und wirke entnervt, dann kann man kaum verstehen, wie man in der kommenden Zeit ein Leben ohne Aussicht auf Urlaub aushalten soll.

Aber mit der schwindenden Bräune und dem zurückkehrenden Herzflattern schwindet auch die Rebellion gegen den Alltag und kehrt die Freude am Bekannten und vertrauten Zuhause zurück. Da sind die guten Freunde, das gemütliche Badezimmer, das anspruchsvolle Kino, das genau richtige Kopfkissen, der gewohnte Hundespaziergang und die bewährte Flachserei im Büro. Und Weihnachten und Ostern und Pfingsten gibt's auch. Und ganz bestimmt neue Urlaubspläne!

Manchmal spreche ich fließend ausländisch

Neben anderen nützlichen Dingen betreibt man in der Schule, wenn man Glück hat, auch fremde Sprachen. Man lernt grundlegende Fragen, wie etwa die, ob sich Karl im Hause oder auf dem Baum befindet, sachgemäß damit zu beantworten, daß Karl sich heute auf dem Baum befindet, sich gestern jedoch im Hause befunden hat und sich morgen abermals im Hause befinden wird. Auch der Tatsache, daß besagter Karl groß, Wilhelm größer und Heinrich am größten ist, kann man in mehreren Sprachen Ausdruck verleihen, und die wichtigen Wörter Schule, Mappe, Lehrer, Klasse, Klassenbuch, Schulbank und Pause wird man bis an sein Lebensende behalten. Die Kunst, „Stille Nacht" auf englisch oder französisch zu singen, vermag man ebenfalls auszuüben. Bei gehobeneren Studien geht man an die Lektüre einschlägiger Werke der entsprechenden Literatur. Wir lasen einmal ein halbes Jahr lang in Französisch das Tagebuch eines Menschen, der allein im Segelboot den Atlantik überquerte. Klüverbaum und Großbramsegel, Fock und Rahe, hieven und brassen sind mir seither in feinstem Französisch geläufig, obwohl ich nur recht unklare Vorstellungen damit verbinde. Leider aber hatte ich nie die Gelegenheit, einem französischen Seemann zu begegnen, um bei ihm meine Kenntnisse an den Mann zu bringen, und auch meine Fähigkeit, Shakespeare-Monologe im Urtext zu rezitieren, liegt seit der Schulzeit völlig brach.

Gewiß betreibt der gebildete Mensch seine Studien

nicht, indem er mit einem Auge immer auf den Nutzen schielt; trotzdem wäre es gewiß nützlich gewesen, hätte ich, als ich zum erstenmal in London mutterseelenallein in ein Schuhgeschäft ging, gewußt, was „Kreppsohlen", „Absätze" und „Schuhgröße" auf englisch heißt. Leider hatte ich das Gefühl völliger Leere im Kopf, und meine Verhandlungen mit der Verkäuferin fanden in einer Art Taubstummensprache statt. Übrigens ist es bezeichnend, daß eine fremdsprachliche Unterhaltung, bei der man gleich am Anfang hoffnungslos nach Worten herumsucht, unter einem Unstern stehenbleibt, während man sich zuweilen selbst übertrifft, wenn es einem gelingt, die ersten zwei Sätze fließend herauszubringen.

Abgesehen von den Schwierigkeiten, die erwachsen, weil die passenden Worte in dem Augenblick, wo man sie in der Unterhaltung sagen möchte, einfach verschwunden sind, gibt es auch noch die Schwierigkeiten des Verstehens. Zuerst einmal, wenn man beginnt, sich mit einem Ausländer in dessen Muttersprache zu unterhalten, muß man die erstaunliche Feststellung machen, daß die Leute ihre eigene Muttersprache nicht recht verstehen. Dann aber – und das ist die viel größere Schwierigkeit – versteht man sie seinerseits zunächst auch nicht, da sie ja schließlich nicht an unserer Schule ihre Sprache gelernt haben. Außerdem nuscheln sie zuweilen, sprechen irgendeinen Dialekt, oder sie reden ganz einfach zu schnell. Man spitzt die Ohren, konzentriert sich fieberhaft und versucht zu folgen. Wie Froschköpfe aus dem Sumpf tauchen immer wieder Wörter und Sätze auf, die man versteht, wie Sherlock Holmes kombiniert man und lacht silberhell mit den andern zugleich an den passenden Stellen. Es darf einem nur nicht passieren, daß man direkt angeredet und um Stellungnahme gebeten wird. Die Anstrengung, dem Gespräch in fremder Sprache zu folgen, hält man übrigens nur eine bestimmte Zeit durch. Nach zwei Stunden etwa reißt der Film, die so völlig einseitig geführte „Unterhaltung" wird zur Geräuschkulisse, und man ertappt sich dabei, wie man das Teppichmuster studiert oder die vier Meter entfernten Buchtitel im Regal zu entziffern versucht.

Aber eines schönen Tages, wenn man genug Gelegenheiten zu solcher Art von Unterhaltung gefunden hat, kommt der schöne Augenblick, in dem man feststellt, daß man dem Gespräch schon geraume Zeit ohne Mühe gefolgt ist. Bis es soweit ist, sollte man, um sein Selbstbewußtsein zu heben, mit einem Italiener Englisch sprechen oder mit einem Engländer Französisch, man versteht sie wenigstens ohne weiteres, und manchmal kann man ihnen sogar mit einem Wort aushelfen, das ihnen gerade nicht einfällt. Leider gibt es allerdings auch Situationen, in denen man nicht auf eine gemeinsame Fremdsprache ausweichen kann. Die Verständigung hängt in diesem Falle weitgehend davon ab, welchem Volksstamm der Fremde angehört, von dem man etwas erfahren will. Ein südländischer Weinbauer beispielsweise erklärt temperamentvoll auf spanisch einen Weg, so daß man ihn wirklich finden kann, während etwa ein nordländischer Bauer völlig unbewegten Gesichts mit den Händen in der Hosentasche in seiner Heimatsprache lange Erklärungen abgibt, ohne daß man auch nur begreift, ob man sich bisher in der richtigen Richtung fortbewegt hat.

Man würde auf der Stelle große Fortschritte in jeder Fremdsprache machen, wenn man sich nicht genierte, sondern lustig drauflosredete. Aber wer bringt das schon fertig? Man geniert sich nicht nur vor den Eingeborenen; der eigene Mann, der besser Englisch spricht als man selbst, ist unter Umständen ein viel größeres Handikap. Er kann auf so eine überlegene Art grinsen, wenn man die Böcke schießt, die man sonst gar nicht bemerkt haben würde! Zum Schluß jedoch noch ein guter Rat für alle, die Fremdsprachen nicht nur lernen, sondern auch sprechen wollen: ein Glas Wein, Sekt, Whisky oder sonst etwas dergleichen tut unter Umständen Wunder. Deshalb hatte ich meine wenigen Sternstunden in fremdsprachlicher Unterhaltung immer so gegen zwei Uhr morgens.

Man müßte Klavier spielen können!

Einer meiner ewig unerfüllten Wünsche ist der, Klavier spielen zu können. Je nach Stimmung und Bedarf möchte ich imstande sein, die Hände kunstvoll über die Tasten gleiten zu lassen und die „Pathétique" oder „Griechischer Wein", das Wohltemperierte Klavier oder den Bolero von Ravel, den Rosenkavalierwalzer oder Melodien aus „Hair" zu spielen. Leider blieb meine Klaviererziehung aus diesen und jenen Gründen in den Anfängen der Dammschen Klavierschule stecken, so daß ich über „Die Mühle am Bach" nicht weit hinausgelangte. Es war allerdings immer tröstlich für mich, festzustellen, daß die unter meinen Freundinnen, die Jahr um Jahr Stunden unter der Obhut einer Klavierpädagogin verbrachten, auch heute weder die Pathétique noch „Schöne Maid ..." spielen können – ersteres noch vielleicht eher, wenn auch schlechter. Es muß sehr schön sein, in der entsprechenden Stimmung die Pathétique spielen zu können – man hat die Möglichkeit, so gewissermaßen sein ganzes Gefühl loszuwerden, falls einem nicht gerade einer der todtraurigen Chopinwalzer liegt. Es macht dann übrigens gar nichts, wenn man mal danebengreift oder auch unter Kopfschütteln die ekligen Stellen wiederholt. Das heißt natürlich – einem selbst macht es nichts, wenn man sich von seinen Gefühlen tragen läßt – die Mitwelt ist da sehr viel unduldsamer: sie will, wenn überhaupt, perfekte Leistungen hören. Und so kümmert mancher Musikant dahin, weil es so schwierig ist, nicht etwa einen Menschen zu finden, der geduldig und erfreut zuhört – so anspruchsvoll ist der Amateurmusiker ja gar nicht –, sondern einen Zeitpunkt und Ort, an dem möglichst keiner gestört wird.

Früher müssen die Menschen sehr viel netter gewesen sein: man hörte mit freundlichem Interesse zu, wenn die dümmste kleine Gans ein artiges Stück auf dem Pianoforte zum besten gab, und jene Gesellschaftslöwen, die auf Soireen mit ihrem feurigen Spiel die Damen zu Tränen rührten, können unmöglich nie danebengegriffen haben, dazu hatten sie einfach noch zuviel andere Beschäftigungen außer dem Klavierspielen. Und wenn gar der Herr Gerichtsassessor oder Tierarzt begann, auf dem Flügel zu phantasieren, so war es sicher nicht das gleiche, als wenn Liszt das tat. Trotzdem fand man die Herren weder albern noch anmaßend, sondern hörte ihnen – wenn auch unter Umständen gelangweilt – so doch aber respektvoll zu. Daß die Zuhörer früher so rührend nett waren, liegt natürlich nicht nur daran, daß früher sowieso alles besser gewesen sein soll, sondern auch daran, daß die allerwenigsten von ihnen je Liszt gehört hatten. Heute haben wir Van Cliburn und Emil Gilels auf der Platte, auf dem Tonband, im Radio und im Fernsehen, und dagegen anzuspielen haben es natürlich der Assessor und der Tierarzt sehr viel schwerer. Wir sind entsetzlich verwöhnt von den Virtuosen der ganzen Welt – wie soll ein schlichter Amateur da mit ihnen konkurrieren? Trotzdem möchte ich gern Klavier spielen können. Es müßte ja nicht gerade Van Cliburn sein, aber doch schon sehr gut: so gut wenigstens, daß man nicht dauernd mit der Technik zu kämpfen hätte. Es wäre doch etwas anderes, als nur am Radio zu drehen oder eine Platte aufzulegen. Die wenigen Leute aus meiner Bekanntschaft, die so spielen können, habe ich immer sehr bewundert und beneidet. Schon die Fähigkeit, einem Instrument probeweise ein paar perlende Läufe zu entlocken, beeindruckt mich tief. Und ein junger Mann, der seinerzeit an einem warmen Sommerabend im mondscheinhellen Zimmer die Mondscheinsonate spielte, hat mir für längere Zeit das

Herz gebrochen. Übrigens brachte er mich auch in größte Verlegenheit, als er mich – bei elektrischer Beleuchtung – einmal bat, die Seiten umzuwenden. Ich starrte zwar wie hypnotisiert auf die Noten, aber es gelang mir eigentlich nie recht, abzupassen, wenn er mit der Seite fertig war. Auch dazu wäre es besser gewesen, ich hätte Klavier spielen können. Oder Geige. Allerdings muß dazu gesagt werden, daß eine nicht perfekt beherrschte Geige den Zuhörern noch härtere Proben auferlegt als ein nicht perfekt beherrschtes Klavier.

Offensichtlich stehe ich mit meinem Wunsch nicht allein da. Denn wenn auch die meisten Leute für sich selbst diese Sehnsucht begraben haben, so übertragen sie sie doch auf ihre Nachkommen, die sie jahrelang nicht nur zum Unterricht schicken, sondern auch zum ständigen Üben anhalten. Kaum ein Mensch, der solches nicht selbst geleistet hat, kann ermessen, was es an Zureden, Ermahnen, Schelten, Versprechen, Drohen und vor allem an Nervenkraft kostet, seinen Nachwuchs pianistisch zu trainieren. Und üben sie endlich, so bringt der kontrollierende Zuhörer ein weiteres musikalisches Opfer. Es ist ein weiter Weg, der da von „Mädchen, warum weinest du, weinest du, weinest du?" bis in die Höhen wirklichen Klavierspielens lauschend zurückgelegt werden muß. Und außerdem setzt man zumeist noch auf das falsche Pferd.

Aber wer weiß, wie wundervoll ich heute Klavier spielte, hätte man es nur richtig energisch mit mir probiert. Es ist sicher sehr schade um mein großes Talent!

Ausschweifende Wünsche

Jahrelang hatte ich folgenden sehnlichen Wunsch: In der Turnstunde ganz lässig auf das Reck zuzuschreiten, nach einem Augenblick angespanntester Konzentration (die Hände bereits leicht auf der Stange liegend) nicht nur die verlangte Bauchwelle in spielender Vollendung vorzuturnen, sondern anschließend in die Riesenwelle überzugehen, vermittels eines Saltos das Reck zu verlassen und dann – als wäre das alles gar nichts gewesen – wieder an meinen Platz in der Riege zurückzuschlendern. Die Bewunderung und das Erstaunen wären uferlos gewesen, zunächst, weil die Turnhalle meiner ehrwürdigen Schule wohl überhaupt nur selten eine Riesenwelle gesehen hat, und dann, weil gerade von mir eine solche Leistung kaum erwartet wurde. Heute geniere ich mich nicht mehr, einzugestehen, daß damals jede Übung am Reck bei mir zum Scheitern bestimmt war, weil ich keinen Felgaufschwung konnte, mit dem, soweit ich mich erinnere, immer alles begann; damals aber litt ich ernsthaft unter diesem Unvermögen. Es wäre also wirklich wundervoll gewesen, nur ein einziges Mal ganz groß am hohen Reck herauszukommen. Andere hatten andere Träume. Eine beispielsweise, für die der Felgaufschwung eine Selbstverständlichkeit war, hätte liebend gern in der Lateinstunde, wenn irgendeine echte Textschwierigkeit auftauchte – eine von denen, wo selbst die Philologen sich noch nicht ganz einig sind –, mit volltönender klarer Stimme eine Erklärung abgegeben, die alle Zweifel restlos beseitigte, um dann in druckreifem

Deutsch eine Übersetzung folgen zu lassen, die Lehrer und Mitschülerinnen an eine Sinnestäuschung hätte glauben lassen. Müßig zu sagen, daß Latein der Hauptgrund war, weswegen besagte Mitschülerin schließlich für das Pensum eines Schuljahres zwei Lebensjahre verwenden mußte.

Aber auch der erwachsene Mensch ist von Wünschen und Träumen nicht frei. Welcher blutige Anfänger im Skilaufen beispielsweise hat sich nie mit allen Einzelheiten vorgestellt, wie er, zur Verwunderung aller, plötzlich den sanften Spitzkehrenkurs abwärts verlassen würde, um in sausender Schußfahrt – hin und wieder abgemildert durch elegantes Wedeln – den Kurs der Allerfortgeschrittensten zu überholen? Und der Autofahrer, der eigentlich noch gar keiner ist, weil ihn die Prüfungskommission hat durchfallen lassen, stellt sich vor, wie er aus reiner Gefälligkeit auf dem Nürburgring den Wagen von Niki Lauda übernimmt und gewinnt.

Nicht immer sind die Träume ganz so ausschweifend. Man möchte etwa nur Klavier spielen können. Der Plattenspieler auf einer Party ist entzwei, das Radio sendet nur eine Betrachtung über die abendländische Kultur – da tritt der bisher unbeachtete Mensch bescheiden ans Klavier und improvisiert cool, hot und sweet, ganz wie es verlangt wird. Zum Schluß tanzt keiner mehr, alles steht um das Klavier herum und lauscht gebannt... Oder man muß eine Tischrede halten, weil man der jüngste Herr oder der Vater oder Bruder oder Ehrengast oder Vorsitzender von irgendwem oder irgendwas ist. Alle Welt denkt: „Der Ärmste!“ Aber der Ärmste erhebt sich und beginnt ein brillantes Feuerwerk witziger und geistvoller Formulierungen aus dem Ärmel zu schütteln. Das Publikum rast vor Vergnügen, und noch nach Jahren wird man sagen, das war doch die Hochzeit (das Essen, die Feier, der Geburtstag...), wo XYZ die herrliche Rede gehalten hat! Oder tanzen möchte man können! So fabelhaft, daß alle anderen Paare die Tanzfläche nach und nach freigeben für dieses eine hinreißend tanzende Paar, das Paar, das im allgemeinen unbeachtet und höchst mittelmäßig irgendwo im Gedränge herumgeschoben wird. Sonst gar nicht streitbare Männer sollen sich übrigens zuweilen schon im geheimen ausgemalt haben, wie sie mit ein paar wohlangebrachten Faustschlägen à la Bud Spencer eine Bande übler Subjekte zur Strecke gebracht hätten. Zufällig befand sich jener strahlend aussehende, muskelbepackte, arrogante Athlet, den alle Mädchen der Bekanntschaft anhimmeln, unter den üblen Subjekten und erlitt ein rauhes Schicksal.

Überhaupt spielt in unseren Wunschträumen der Gedanke, daß man es dem oder jenem „mal zeigen" möchte, keine ganz kleine Rolle. Einmal nur jener Dame, die so gelehrt, aber für gewöhnliche Sterbliche unüberprüfbar daherredet, mit messerscharfem Fachwissen über den Mund fahren können; einmal nur Freund G., der so unangenehm mit seinem superschnellen Wagen angibt, mit unserer Familienkutsche hoffnungslos abhängen; einmal nur die internationale Größe, auf deren Bekanntschaft das Ehepaar Grünewald so unbeschreiblich stolz ist, in dessen Gegenwart mit „Guten Tag, Onkel Mucky ..." begrüßen zu können – mit vollem Recht natürlich, da er uns ja auf den Knien geschaukelt hätte, woran er sich dann natürlich auch gleich erinnern müßte. – Alle diese erhebenden Träume bleiben meist, was sie sind, nämlich nur Träume. Das muß aber nicht allzu tragisch sein. Auf die Riesenwelle beispielsweise kann ich inzwischen recht gut verzichten.

Gedanken nach der Modenschau ...

Ganz gleichgültig, wie herrlich die Modelle waren und wie wundervoll die Mannequins einherschritten – nur allzu viele Frauen verlassen jede Modenschau zwar angeregt, aber gleichzeitig zutiefst deprimiert. Man fühlt sich wie ein Aschenputtel, obgleich man sich doch für diese Veranstaltung mit besonderer Sorgfalt angezogen und hergerichtet hat. Aber gegen die schönsten Modelle der Häuser Y und Z kommt man eben nicht ganz auf, und obwohl die eigene Taille für den Hausgebrauch durchaus nicht zu üppig ist – gegen die Damen Yvonne und Daisy und Peggy kommt man sich doch vor wie ein Trampel. Aber dem Himmel sei Dank, die anderen Zuschauerinnen sehen auch nicht besser aus! Wenn sie während der Modenschau einmal aufstehen und durch die Räume schreiten, wirken sie trotz des guten schwarzen Kostüms etwas hausbacken – verglichen mit Yvonne im entzückenden Deux-pièces des kommenden Winters, das sie auf bezaubernde Weise aufschlägt, damit man das reinseidene Jackenfutter bewundern kann.

Ach, auch wir ließen uns, bezaubert durch eine vorjährige Yvonne, sündhaft teures reinseidenes Futter in ein Jäckchen nähen. Leider aber dachten wir nicht daran, daß die gewöhnliche Sterbliche nicht dauernd ihre Jacke demonstrativ aufschlagen und sich dabei um sich selbst drehen kann. Nun existiert dieses schöne Futter fast unerkannt. Auch ist es uns nicht vergönnt, einen Abendmantel lässig über roten Velours schleifen zu lassen. Und gerade das wirkt so ungeheuer gekonnt und wohlhabend! Auch die Vorschläge, was die Dame von Welt in ihren vier Wänden am Vormittag nach der Meinung berühmter Modeschöpfer tragen sollte, läßt sich mit der rauhen Wirklichkeit nicht immer recht in Einklang bringen.

Nur wenige Männer begleiten ihre Damen zu Modenschauen. Vielleicht ist es ihnen zu langweilig, vielleicht fürchten sie aber auch, sich zu übereilten Käufen hinreißen zu lassen. Im Laufe der Schau wird die Dame immer weniger traurig darüber, daß sie ohne männliche Begleitung hier ist. Denn vielleicht würde auch er dann zu Vergleichen gezwungen. Und vielleicht würden diese Vergleiche nicht so ausfallen wie bei jenem liebenswerten Mann einer Freundin, der beim Anblick all der gertenschlanken Zerbrechlichkeit zarter Taillen und Schultern etwas von „mageren Hippen" murmelte und dabei seine bei weitem nicht so magere Frau liebevoll anschaute. Aber der Geschmack der Zeit neigt nun einmal zur Taillenweite 55, und während man zum Klange schmeichelnder Weisen vom Conférencier eine mit einem ungeheuren orangefarbenen Hut gekrönte Création als das ideale Gewand zum morgendlichen Stadtbummel angepriesen bekommt, beschließt man bei einem Stück Kuchen feierlich, dünner zu werden. Natürlich erst ab morgen, denn bei jeder Modenschau wird ein beträchtlicher Konsum an Kuchen oder Eis festgestellt. Es ist gerade, als ob die Süßigkeit des Genusses über einige Bitterkeit der gehabten Selbsterkenntnis hinweghelfen sollte.

Auch andere zwar nicht ganz neue Erkenntnisse werden einem zuteil, wenn Fräulein Daisy in einem schneeweißen Traum von Breitschwanzmantel königlich über den Laufsteg schreitet: daß die schönsten Dinge auch meist die teuersten sind. Und wenn dann am Nebentisch eine mittelalterliche Hochblondine mit einer wahren Schaufensterauslage von Brillanten am Busen noch während der Schau mit dem berühmten Schöpfer dieser Wunderwerke zu flüstern beginnt, überkommt einen die weitere Erkenntnis, daß die schönsten Dinge meist bei den falschen Leuten landen, denen sie gar nicht so schön stehen. Hier liegt aber gleichzeitig auch ein tiefer Trost, an dem sich bestimmt schon manche Frau seelisch aufgerichtet hat: wenn ich so viel Geld für Kleider ausgeben könnte, einen so guten Friseur hätte, täglich von der Kosmetikerin zurechtgemacht würde und noch von einem berühmten Schminkmeister ein neues Gesicht erfunden bekäme – ha, da würde ich es sicher mit manchem Filmstar aufnehmen können!

Trotz aller spitzen Bemerkungen, die man über die Untragbarkeit der Modelle und die Unkleidsamkeit der diesjährigen Mode mit gleichgesinnten Modenschaubegleiterinnen getauscht hat, überkommt einen doch angesichts soviel perfektester Schneiderkunst das Gefühl für die Notwendigkeit, daß man sich von Kopf bis Fuß neu einkleiden müßte. Leider sind mit der praktischen Durchführung dieses Planes einige Schwierigkeiten verbunden, so daß es meist bei der Anschaffung eines neuen Kleides bleibt. Manchmal sind aber auch nur ein paar lange fliederfarbene Handschuhe oder eine neue Frisur das tatsächliche Ergebnis von zwei Stunden intensiver seelischer Einwirkung der Haute Couture. Doch nein, hat man nicht auch morgens schwierige Hüftakrobatik auf dem Teppich vollführt? Und hat nicht die ganze Familie die Sonntagnachmittagstorte ohne Sahne serviert bekommen? Na also!

Ich möchte mal ganz anders aussehen!

Immer wieder ist es faszinierend zu beobachten, wie Herr Eisenstein, einer der Helden in der Operette „Die Fledermaus“, seine eigene Frau nicht erkennt, obwohl er ihr, wie es auf Kostümfesten schon einmal geschehen kann, recht nahe kommt. Dabei trägt Rosalinde nicht etwa ein Eisbärfell mit angenähtem Pappkopf oder eine rote Perücke mit falscher Nase – nein, nach alter Operettentradition begnügt sie sich mit einer kleidsamen Halbmaske zum großen Abendkleid. Wenn man nicht unterstellen will, daß Herr Eisenstein geradezu unglaublich begriffsstutzig ist, so erhebt sich die brennende Frage: Wie macht Rosalinde das? Sie verleiht nämlich dem Wunschtraum aller kostümierten Damen Gestalt: sich völlig unkenntlich zu machen, ohne jedoch die eigene Schönheit (– und wer hätte die nicht? –) wesentlich zu beeinträchtigen. Ist das überhaupt möglich? Jeder Mensch möchte einmal im Jahr jemand anders sein. Gleichzeitig aber möchte man sich auch amüsieren. Frauen amüsieren sich aber nun einmal nicht, wenn man ihre gelungene groteske Kostümierung bewundert oder belacht, sondern wenn man sie zum Tanze holt, sich mit ihnen an die Bar setzt und ihnen galant eine Papierrose mit Goldflitter überreicht. Männer aber neigen leider nicht dazu, urkomischen riesengroßen Pappnasen Rosen zu überreichen. Alle Selbstaufopferung wird also höchstens durch einen glorreichen Einzug in den Saal belohnt. Hinterher hat man seine Ruhe. Und Ruhe ist nicht gerade das, was der Mensch auf einem Kostümfest sucht.

Wie also macht Rosalinde das? Eine kleidsame Halbmaske könnte man wohl auch noch herbeischaffen, aber ich glaube nicht, daß nur einer unserer Bekannten daraufhin nicht mehr wüßte, wer vor ihm stünde – höchstens einer von denen, die es beleidigenderweise auch sonst nicht recht wissen, obgleich sie uns schon dreimal vorgestellt wurden. Vielleicht aber hatte sich Rosalinde als eine Art Greta Garbo oder Marilyn Monroe von damals verkleidet, was natürlich recht gut aussehen kann. Ich würde sehr gern einmal als Sofia Loren einen Karneval mitmachen. Nur befürchte ich, daß jedermann eher mich selber als Sofia Loren in mir erkennen würde.

Man kann sich also im Grunde genommen nur für unkenntlich oder für ansprechend entscheiden, zum mindesten, wenn man die Unkenntlichkeit so weit treiben will, daß der eigene Mann mit einem flirtet, ohne zu ahnen, wen er da auf seinem Schoß sitzen hat. Übrigens eine sehr reizvolle Vorstellung! Ob er wohl noch auf die ähnliche Art anbandelt wie vor Jahren? Gleichzeitig würde es einen natürlich ärgern, denn genausogut könnte es ja eine andere sein. Zwar soll im Karneval angeblich jeder tun und lassen können, was er will, aber so genau möchte man es nun auch wieder nicht wissen!

Das einzige, was man ohne Hexenmaske mit falschen Raffzähnen und ähnlichen Requisiten erreichen kann, ist also nur, etwas anders als sonst auszusehen. Dabei gibt es viele schöne Möglichkeiten, von denen einem allerdings manchmal keine einzige einfällt. Übrigens empfiehlt sich immer das Rasante und Dämonische; es ist nach all meinen Erfahrungen bei weitem mehr gefragt als niedliche Zöpfchen und rote Apfelbäckchen, so reizend die auch zuweilen sein mögen. Manche bauen ihr Kostüm um ein erprobtes Requisit herum auf. Das ist nicht immer das Schlechteste. Bei einer meiner Freundinnen sind es schwarze Strumpfhosen, die jedesmal mit anderem Zubehör wieder Furore machen. Natürlich liegt das nicht nur an den Strümpfen und dem Zubehör, sondern auch an den

Beinen. Bei mir hat jahrelang der Unterrock meines Brautkleides hervorragende Dienste geleistet. Er war eine vorzügliche Basis, auf der man von „Cancan“ bis „Kleopatra“ alles aufbauen konnte. Leider hatte man mir schließlich so oft auf die Schleppe getreten, daß auch die leistungsfähigste Reinigung ihn nicht mehr weißwaschen konnte. Seitdem muß ich mir etwas anderes einfallen lassen.

Für den diesjährigen Karneval habe ich mir beispielsweise grüngoldenen Nagellack gekauft. Ich sah ihn beim Friseur und konnte nicht widerstehen. Nun gilt es nur noch, eine Kostümierung auszudenken, zu der grüngoldene Finger- und Fußnägel gehören. Wahrscheinlich wird es irgend etwas Wässeriges werden.

Vielleicht hatte auch Rosalinde grüne Fingernägel, und Eisenstein war davon so hingerissen, daß er nur immer darauf starrte und dadurch gar nicht ihren wohlbekannten, etwas schiefgewachsenen Eckzahn oder ihr winziges Muttermal auf der Schulter oder ihre Haarsträhne, die immer in der falschen Richtung fiel, bemerkte.

Denn so unwahrscheinlich darf es selbst in einer Operette nicht zugehen – bei der man ohnehin geneigt ist, allerlei geduldig hinzunehmen –, daß Rosalinde nicht auch ihre Fehler gehabt haben soll. Daran erkennt man ja schließlich seine Frau am besten.

Linkes Knie zur rechten Schulter!

„So schön wie heut, so müßt es bleiben…" spielt die Musik, zu der man sich im Takte bewegt, und die Erinnerung schweift in längst vergangene Zeiten, in denen dieser Schlager brandneu war. Da dringt jedoch eine fröhliche Stimme an unser Ohr: „Wenn es Sie hier oben nicht zerreißt, dann machen Sie's nicht richtig!" Da man nur von angenehmen Gefühlen und Erinnerungen beherrscht gewesen war, hat man's also mal wieder nicht richtig gemacht. Eigentlich hätte man das schon wissen müssen: wenn es leicht, freundlich und einleuchtend geht, ist es ganz bestimmt verkehrt. Nur was anstrengt, weh tut, im Kreuz zieht, in den Kniekehlen spannt, die Bauchmuskeln über Gebühr müht, die Arme bleischwer werden läßt und jeden Wirbelknochen spürbar macht – das ist gut und richtig, läßt Bauch und Hüften schwinden, macht jung und elastisch und ist außerdem noch ein gutes Training für den Kreislauf.

Weil man dies und jenes an sich noch verbesserungsfähig gefunden hat und zudem noch bemerken mußte, daß man mit einem Tablett voll von Gläsern nur mit gewissen Schwierigkeiten von der hockenden in die stehende Position kam, nimmt man nun an einer Gymnastikstunde teil, wo man bei den Klängen eines Klaviers (oder, wenn die betreffende Dame fehlt, bei Schallplattenmusik) zu spüren hat, wie es einen dort oben zerreißt. Aus gewiß recht ähnlichen Motiven sind eine Reihe weiterer Damen anwesend, die sich gleichfalls redlich mühen, das linke Bein vor das rechte und das rechte hinter das linke zu setzen, indem die Arme in Gegenbewegung einmal offene und einmal geschlossene Kreise schlagen, die Fußspitzen abwechselnd gebeugt und gestreckt sind, das Rückgrat bogenförmig abrollt und der Kopf den Armen nachzieht – oder so ähnlich. Es ist erstaunlich, wie viele Arme und Beine man auf einmal hat – wie viele Möglichkeiten es gibt, sie falsch zu bewegen, und wie schon die einfache Aufforderung, den rechten Fuß und die linke Hand zu benutzen, ganz intelligente Frauen in Verwirrung bringen kann. Aber eine der elementarsten Tröstungen im menschlichen Leben ist jeder Teilnehmerin gewiß: die anderen machen es auch nicht besser! Ständig werden wohlgeplante Kreise durch Auseinanderrisse und Zusammenstöße zerstört, weil über die genau vorgeschriebene Richtung keine Einigkeit herrschte. Wenige nur streben nach Vollkommenheit und versuchen auch den anderen durch gelegentliche Hinweise den Weg zu Höchstleistungen zu bahnen, die meisten nehmen die allgemeine und eigene Unvollkommenheit fröhlich – zuweilen sogar schon geradezu albern hin. Ein bißchen kommt man sich wieder vor wie in der Schule. Nur, daß es sich hier um eine Schule völlig ohne Zensuren handelt. Und man kommt ganz und gar freiwillig.

Natürlich, man könnte auch daheim auf dem Rücken liegend seine gestreckten Beine zehn Zentimeter über dem Fußboden schweben lassen, was bekanntermaßen eine der gemeinsten Übungen ist. Aber wer tut das schon? Und wenn ja, wer tut das dann lange genug? In die Gymnastikstunde geht man zwar freiwillig, aber hebt, wenn man da ist, die gestreckten Beine nach Kommando. Erfahrungsgemäß immer wesentlich öfter, als man eigentlich will. Man hüpft weiter rückwärts auf eine kolossal anstrengende Art im Kreise herum, wenn man sich am liebsten nach Atem ringend auf einen Stuhl setzen möchte, und man versucht immer wieder gehorsam, das linke Knie an die rechte Schulter zu bringen, obwohl man doch von vornherein weiß, daß diesem Bemühen kein Erfolg beschieden sein kann. Für schwache Charaktere sind geregelte Gymnastikstunden der einzige Weg zu regelmäßigem körperlichem Training. Außerdem bringen sie auch noch mannigfache Freuden.

Da sind zum Beispiel höchst anregende Gespräche beim Umkleiden. Man erfährt, was man sich im Kino ansehen sollte, wer der preiswerteste Anstreicher ist und daß andere Kinder in der Schule noch mehr Ärger haben als die eigenen. Man hört von Hotels in San Franzisko und Warschau und wird mit allerlei Arten von früh einsetzendem Rheuma und sich unangenehm bemerkbar machenden Bandscheiben vertraut. Und wen es tröstet, daß andere mehr Kummer mit der Figur haben, der kann hier Trost finden. Aber auch das eigentliche Turnen verleiht einem gewisse große Augenblicke: nie im Leben hat man gewußt, daß man ein geschmeidiges Rückgrat hat, und hier wird man plötzlich dafür gelobt. Man bringt auch als einzige den Kopf an die Knie und kommt auf eine höchst komplizierte Art an der Stange mit vorgeschobenem Bekken in die Höhe. Und wenn man feststellt, daß einem Übungen ganz leichtfallen, bei denen man noch vor einem Vierteljahr schier verzweifelte, so rechtfertigt das allein schon die ganze Gymnastik.

Doch einer der schönsten Augenblicke ist auch der: müde, heiß und zufrieden mit sich und seiner Leistung zieht man sich wieder an. Nach getaner Arbeit ist gut nach Hause gehn!

Schön ist man meist zur falschen Zeit

Eines Tages sieht man am Morgen beim Kämmen in den Spiegel, lacht sich zu und findet sich – unter uns gesagt – nahezu schön. Man lächelt sich noch einmal zu – mehr im Profil; man macht ein ernstes Gesicht, aber mit weichem, hingebungsvollem Ausdruck, und strahlt sich dann noch einmal an. Es ist tatsächlich alles so, wie es in den gegebenen Grenzen überhaupt nur möglich sein kann: Das Haar glänzt und sitzt fabelhaft, aber doch nicht zu kunstvoll, der Teint ist sonnenbraun und makellos, die Augen leuchten, und Hals nebst Dekolleté kontrastieren ausgesprochen hübsch zur hellblauen Sommerbluse. Aber das Schicksal will es, daß dieser Tag, der so vielversprechend begann, in den allermeisten Fällen aber auch rein gar nichts bringt. Es ist einfach ein Tag wie jeder andere. Nicht einmal irgendein Besuch taucht auf, der wenigstens feststellen könnte, daß man wunderbar gesund und wohl aussähe, oder der fragen würde, wo man denn bloß die todschicke Bluse gekauft habe – von anderen Begegnungen, die man an einem solchen Tage unbedingt bezaubern könnte, ganz zu schweigen. Die Schönheit scheint glatt an den grauen Alltag verschwendet zu sein. Dagegen will es das Schicksal anscheinend, daß einem an Tagen, wo man sie voll und ganz einsetzen möchte, die höchstmögliche persönliche Schönheit selten zur Verfügung steht. Wer hätte nicht als junges Mädchen unter jenen bösen, zum Alptraum werdenden Pickeln gelitten, die sich mit Vorliebe etwa zwei Tage vor großen Festen einzustellen pflegen? Wer hätte nicht schon mit Entsetzen feststellen müssen, daß der Ausschnitt des allerschönsten Sommerkleides auf dumme Weise anders verläuft als der des Badeanzuges, wovon fatale helle Streifen im falschen Augenblick zeugen? Und die Haare, die noch am Tage zuvor einen so hübschen Fall hatten – im wirklich wichtigen Augenblick wollen sie plötzlich nicht mehr; die Augen blicken müde, der Teint macht einen bestenfalls nichtssagenden Eindruck, und im ganzen findet man sich höchst unscheinbar.

Sicher haben Sie auch schon nach solch deprimierender Bestandsaufnahme versucht, sich trotz allem strahlend zuzulächeln, und sicher fanden Sie auch, daß Sie eigentlich nur über ein ziemlich albernes Grinsen verfügen. Ich glaube, keiner von uns hat sich in solchen Augenblicken noch nicht die Zunge herausgestreckt und sich danach finster entschlossen an das Verschönerungswerk begeben. Zum Trost soll man sich in dieser Situation immer vergegenwärtigen, daß ein Glas Sekt, ein paar nette Worte, ein temperamentvoller Tanz oder auch nur eine anregende Unterhaltung das gute Aussehen plötzlich wieder hervorzaubern können. Auch ist die Beobachtung schon vielfach bestätigt – obgleich sie in einschlägigen Kreisen nie und nimmer geglaubt wird –, daß sich seit Menschengedenken junge Mädchen trotz eines kleinen Pickels prächtig amüsiert haben. Es ist ein Irrtum, anzunehmen, daß ein teures Kleid, eine neue Frisur und ein kunstvolles Make-up das Geheimnis aller Schönheit seien. Schönheit hat eigentlich ganz andere Hintergründe. Beispielsweise schreitet man in den alten, verwaschenen, aber sehr gut sitzenden Shorts durch den Garten, die Haare fallen auf kleidsame Art in die Stirn, die Sonne scheint, die Schmetterlinge fliegen, und man ist auf die reizendste Art beschäftigt: die verblühten Rosen müssen nämlich abgeschnitten und in einen Korb (einen hübschen mit buntem Tuch natürlich) gesammelt werden. In solch einem Augenblick kleidsamer Betätigung würde man sich ganz gern überraschen lassen. Aber es kommt garantiert nie jemand, der Sinn für die Rosen, den idyllischen Hintergrund und die Shorts hätte. Höchstens naht sich ein weit übermittelalterlicher Nachbar, mit dem man ein ernsthaftes Gespräch darüber führen kann, wann und womit man die Rosen wohl am besten düngt.

Unverhoffter, aber lieber Besuch dagegen kommt überraschend, wenn man gerade den Abfalleimer leert, mit hochrotem Gesicht über einen Kuchenteig geneigt ist, der sich anders verhält, als man es dem Rezept nach erwarten könnte, oder wenn man Zwiebeln schneidet. Schon Werther war entzückt, als er seine Lotte sah, wie sie auf anmutige mütterliche Art für ihre munteren, niedlichen Geschwisterchen sorgte. Es war immer sehr liebenswert anzuschauen, wenn man ein weibliches Wesen in schönster Harmonie mit Kindern beobachten kann. Wahrscheinlich wäre die ganze Werther-Tragödie anders verlaufen, wäre er in dem Augenblick gekommen, wo die himmlische Lotte gerade einem von ihren Geschwisterchen kräftig eine heruntergehauen und dabei mit etwas erhobener Stimme aufgeregte Worte geäußert hätte, wie sie es bei soviel lebhaften Kinderchen sicherlich auch gelegentlich zu tun pflegte. Ich jedenfalls wurde von maßgebender Seite schon dabei überrascht, wie ich ein armes, kleines, in diesem Augenblick ungeheuer zart und verschüchtert wirkendes Wesen zwar mit Recht, aber leider ziemlich laut anbrüllte – und so den perfekten Eindruck eines künftigen Drachens vermittelte.

Aus der Geschichte wurde dann auch nichts. Wie sich nachher herausstellte, konnte ich eigentlich nur heilfroh darüber sein. So hat manches seine zwei Seiten, auch die Tatsache, daß uns die Umwelt so selten von der allerbesten Schokoladenseite zu sehen bekommt.

Ab heute wird nur noch diät gelebt!

Ach, was müssen das noch für herrliche Zeiten gewesen sein, als das Ideal weiblicher Schönheit jene üppigen Frauen waren, die Rubens in all ihrer schwellenden Pracht malte! Ganz sicher haben sich diese Damen genußvoll und fröhlich dem Verzehr von üppigen Soßen, Gänsebraten, Sahnetorten, kandierten Nüssen, Prager Schinken und gewaltigen Pasteten hingegeben, dazu süßen Wein getrunken und voller Mitleid auf jene damals Bedauernswerten hinabgesehen, denen es an wohlgepolsterten Hüften, Schultern und Oberschenkeln fehlte, die weder Grübchen auf dem Handrücken noch einen Busen hatten, der das Mieder zu sprengen drohte. Heute – zu einer Zeit, da selbst die Venus von Milo bei jeder Schönheitskonkurrenz wegen viel zu großer Taillenweite schon in der Vorauswahl steckenbliebe – ist eigentlich jede Frau ihr Leben lang dazu verdammt, in Steaks und Salaten herumzustochern und immer ein schlechtes Gewissen zu haben, wenn sie sich einmal gründlich und mit Genuß so richtig rundherum satt ißt. Denn das muß man sich einmal klarmachen: So schlank, wie es der moderne Schönheitssinn verlangt, ist ein weibliches Wesen eigentlich kaum von Natur aus; es sei denn von Kummer oder Ärger verzehrt, von Appetitlosigkeit gepeinigt oder aber auch für ein paar Jahre vom Schicksal außerordentlich begnadet. All die vielen anderen müssen sich entscheiden: Entweder entwickeln sie sich mehr in barocker Geschmacksrichtung, oder aber sie haben ihr Leben lang hart zu kämpfen, da ihr Normalgewicht bedauerlicherweise über ihrem Idealgewicht liegt und sich immer wieder auf hinterlistige und schleichende Art einstellt. Und wenn auch Turnen, Schwimmen, Massage und sonstige Hilfsmittel nicht ganz verachtet werden sollten – es geht doch nichts über schlichtes Hungern, das man natürlich auch freundlicher „Diät halten" nennen kann.

Normalerweise wird eine Diätkur – die man natürlich schon länger vage geplant hatte – durch ein bestimmtes Ereignis ausgelöst: Ein geliebter Rock, der immer besonders schick saß, erinnert plötzlich fatal an eine Wurstpelle; man sieht unvermutet im Spiegel seinen eigenen Oberarm und erkennt ihn zuerst gar nicht; eine Freundin trägt wieder einen engen Pullover und sieht fabelhaft darin aus; der neue Badeanzug kneift, oder das weite Sommerabendkleid, in dem man im vorigen Jahr ätherisch wirkte, macht in diesem Jahre einen beinahe peinlichen Eindruck. Also faßt man Entschlüsse. Leider hat auch die beste Diät einen Nachteil: Es mag zwar stimmen, daß man keinen Hunger verspürt, aber man entwickelt einen geradezu wundervollen Appetit ausgerechnet in dem Augenblick, in dem man Enthaltsamkeit beschließt, und zwar gerade auf die Sachen, deren man sich enthalten will. Selbst der Mensch, der gern Knäckebrot und Ei zum Frühstück ißt, bekommt Visionen von Brötchen mit dicker Butter und Bienenhonig; der Liebhaber von Beefsteaks träumt von einer schönen Scheibe Schweinebraten mit Soße, und der Anhänger von Apfelsinen zum Nachtisch verzehrt sich in Sehnsucht nach einem richtigen Kinder-Schokoladenpudding mit Vanillesoße. Aber hat man erst einmal mehrere Mahlzeiten tapfer in vorgeschriebener Kargheit überstanden, so kommt der Punkt, wo es einem gewissermaßen zu schade um all die gehabte Entbehrung erscheint, wenn man nun wieder schwach wird, ohne wenigstens einen Teilerfolg erreicht zu haben. Der erste Teilerfolg übrigens ist meist nur für einen selbst erkennbar: Ein Griff in den Rockbund weist da behaglichen Raum auf, wo bisher qualvolle Enge herrschte. Jedes weibliche Wesen versteht, was das andere weibliche Wesen damit beweisen will, wenn es – beide Daumen am Gurtband – dieses lässig hin und her bewegt.

Überhaupt macht das Abnehmen ohne Anteilnahme und möglichst auch wohlwollende, fröhlich wetteifernde Konkurrenz nur halb soviel Spaß, und der vielleicht wirklich freundlich gemeinte Ausruf wahrhaft dicker Damen: „Was! Sie nehmen ab? Das haben Sie doch gar nicht nötig!“ ist nicht das, was man hören möchte. Man braucht Anfeuerung, Lob, Berichte von Erfolgen und empfehlende Beschreibungen anderer Hungermethoden, damit man gezwungen wird, unter Beweis zu stellen, daß das eigene System das allerbeste ist. Außerdem braucht man Abwechslung und Zerstreuung, denn nichts ist bei dem Kampf gegen die Kilos so demoralisierend wie Langeweile und Einsamkeit. An einem völlig ereignislosen Abend ohne Gesellschaft ist schon manche Hungerkur ruhmlos abgebrochen worden. Die Kapitulation begann mit einem kleinen Inspektionsgang an den Kühlschrank und endete mit dem Öffnen der großen Geburtstagspralinenpackung nach dem Motto: „Nun ist das auch noch egal!“ Schwache Charaktere geben nach solchem Zusammenbruch ganz auf und probieren höchstens in etwa einem Vierteljahr bei einem neuen Anlaß eine neue Diät aus, während stärkere Naturen sich vom nächsten Tage an doppelt kasteien, um den Sündenfall wieder wettzumachen, und sich so trotz vorübergehender Kapitulation erneut und tapfer auf ihr Traumgewicht hinarbeiten.

Hat man dieses tatsächlich einmal wieder erreicht, so beschleicht einen außer Stolz auch noch ein merkwürdiges Gefühl der Leere. Was nun? Denn es ist nicht so, daß man sich nun froh alles wieder unbeschwert einverleiben könnte. Im Gegenteil: Um diese Position zu halten, ist lebenslängliche Wachsamkeit am Platz: Ein paar Tage in einem Hotel mit köstlicher Küche, ein geruhsames Weihnachtsfest, ein Besuch auf einem Gutshof, einige Urlaubstage mit der an sich lobenswerten Neugier für fremde Rezepte oder zwei Kaffeeklatsche hintereinander – und die Folgen sind unüberwiegbar. Da gibt es nur einen Grundsatz: Nie, nie, nie ein Kleidungsstück weiter machen lassen! Denn das wäre die endgültige Kapitulation.

Das leuchtende Beispiel

Eigentlich müßten diejenigen, die oft und gern illustrierte Zeitschriften lesen, auf die Dauer zu besseren, schöneren und gesünderen Menschen heranreifen, zu Menschen, die interessante Reisen machen, die originellen Hobbys nachgehen, die ihren Nächsten hilfreich zur Seite stehen und sich freudig für das Gute einsetzen. Daß das nicht unbedingt immer zutrifft, kann nur an der menschlichen Schwäche liegen, denn gute Vorsätze faßt man auf jeden Fall bei der Lektüre von mindestens jeder vierten Seite (die Romane und Serien ausgenommen). Oder geht es Ihnen nicht so?

Liest man etwa medizinische Artikel über verschleppte Leiden, so kommen einem gleich die Symptome unheimlich bekannt vor, und man beschließt, zunächst einmal das Rauchen sehr einzuschränken, ab sofort hauptsächlich von Joghurt und grünem Salat zu leben und vor allen Dingen gleich morgen oder übermorgen einen Arzt aufzusuchen, der alles ganz gründlich nachsehen soll. Damit man später auch so ein rüstiger Hunderter wie der abgebildete fröhliche Greis wird, will man ab sofort täglich anderthalb Stunden spazierengehen, und wenn es der willensstarken Amerikanerin gelungen ist, von 220 Pfund auf hundertundvierzig herunterzukommen – zum Kuckuck noch einmal, warum sollte es einem nicht gleich ab morgen gelingen, endlich die überzähligen fünf Pfund vom letzten Urlaub herunterzuhungern? Alles wäre so einfach und klingt so einleuchtend – aber tun Sie es schließlich wirklich?

Oder „unser ständiger Mitarbeiter“ hat ein einsames Fischerdorf entdeckt. Ein bißchen schwer zu finden ist es ja und noch ein bißchen schwerer zu erreichen. Aber es ist idyllisch und billig, und die fröhlichen, vom Fremdenverkehr noch nicht verdorbenen Einheimischen reißen sich nur so darum, einen zum Landwein und zu fröhlichen Tänzen und zu einheimischen Spezialitäten einzuladen. Das alles ist reizvoll im Bilde zu sehen, und man beschließt feierlich, im nächsten Urlaub auch die ausgetretenen Pfade zu verlassen und etwas ganz Besonderes zu entdecken – vielleicht sogar dieses Fischerdorf. Aber bis dahin hat man die aufschlußreiche Nummer der Illustrierten längst vergessen und verloren, und wo landet man schließlich im Urlaub? Auf den alten bewährten Plätzen, wo die fröhlichen Einheimischen weniger mit ausgebreiteten Armen als mit ausgestreckten Händen auf einen warten. Dann gibt es noch die Dame mit der tollen Figur und dem kleidsamen Anzug. Den Anzug beschließt man anzuschaffen, und die tolle Figur wird man bekommen, wenn man nur genau wie diese Dame regelmäßig sein linkes Bein mit durchgestrecktem Knie auf einen Stuhl legt und dann den Oberkörper mit angewinkelten Armen ... usw. ... usw. ... Anschließend muß man noch die anderen Übungen auf den folgenden Seiten gewissenhaft durchturnen. Man würde gleich damit anfangen, wenn die Übungen nicht so schwer im Kopf zu behalten wären und wenn nicht erst noch die Schwiegermutter das betreffende Heft ausliehe. Schließlich findet man woanders noch eine schönere Dame mit noch einleuchtenderen Übungen ... aber auch die kommt irgendwie abhanden.

Auch den Appell an das Gute in uns vernehmen wir wohl beim Lesen und beschließen spontan, für die armen Leute zu spenden. Aber leider tun wir es dann doch nicht. Genauso, wie wir schließlich doch weder ins Altersheim gehen, um dort den ganz Alten etwas vorzulesen, noch einen Negerstudenten zu Weihnachten einladen, noch über das Wochenende ein Waisenkind aus dem Waisenhaus holen. Leider. Auch die Ratschläge, die kluge Männer und Frauen denen geben, die Trost und Rat suchen, liest man aufmerksam und könnte manche Nutzanwendung daraus ziehen. Da gibt es etwa eine ekelhafte Kollegin – genau wie unsere –, von der ein kluger Mensch sagt, man müsse sie durch Freundlichkeit und Liebe beschämen, denn nur aus Sehnsucht nach diesen sei sie ungenießbar. Natürlich will man jetzt versuchen, auch die eigene Kollegin vermittels Freundlichkeit zu einem reizenden Wesen umzugestalten. Aber wenn sie sich das nächste Mal wieder eine geschlagene Viertelstunde vor dem einzigen Spiegel breitmacht, sind alle guten Vorsätze verflogen.

Warum, so fragt man sich bei der Lektüre gleichfalls, warum vollbringt man nicht besondere Leistungen, wie sie doch andere hier im Bilde zu sehende Leute tun? Warum baut man sich nicht selbst ein Boot oder ein Schwimmbad, warum fährt man nicht im Auto durch die kurdischen Berge, warum hält man eigentlich keinen Geparden, und warum können unsere Kinder noch nicht im Alter von dreiviertel Jahren schwimmen? Andre Leute gehen zu Fuß von Koblenz nach Trier und erleben da die interessantesten Dinge, sie kaufen alte Eisenbahnwaggons und richten sie herrlich ein, und sie finden im Keller ihres Wohnhauses einen richtigen Schatz. Und wir? Wir suchen noch nicht einmal danach!

Geben Sie auch ein bißchen an?

Achten Sie einmal darauf: von zehn Frauen, denen man das Kompliment macht, daß sie ein besonders hübsches Kleid tragen, antworten etwa sechs: „Ach, das, das habe ich schon so lange!" Drei behaupten, daß sie es ganz billig gekriegt oder selbst genäht haben, während aller-, allerhöchstens eine wahrheitsgemäß sagt: „Ja, es ist funkelnagelneu, und ich finde es auch todschick und höre es gern, wenn in dieser Beziehung andere der gleichen Meinung sind wie ich. Außerdem ist es reine Seide und ein Modell ..."

So kommt es, daß manche Männer den völlig falschen Eindruck erhalten können, fast jede elegante Frau trüge ihre Kleider ewig und kaufe diese Kleider noch dazu spottbillig, wenn sie nicht hin und wieder zufällig und dann natürlich zu ihrer größten Verwunderung ihre eigenen Frauen über ein nagelneues, noch nicht bezahltes, sündhaft teures neues Gewand ebenso abschätzig reden hörten. Warum das so ist, weiß ich auch nicht; jedenfalls steht fest, daß Angabe mit Kleidern, Schuhen und Schmuck nur im kleineren Kreise, gewissermaßen von Frau zu Frau, üblich ist. Dann aber auch kräftig.

Eine gewisse Schwierigkeit besteht darin, anzugeben, ohne eigentlich anzugeben, jedenfalls nicht so, daß es allzusehr auffällt. Dennoch soll natürlich die andere merken, daß die Schuhe aus dem teuersten Laden stammen, die Perlen echt sind und man nicht weniger als sechs Nachmittagskleider im Schrank hängen hat. Da gibt es zum Beispiel die Methode der herzzerreißenden Klage: die Kette muß schon wieder zum Juwelier, um nachgesehen zu werden ... es ist so schrecklich, daß man nur die teuren Schweizer Schuhe für seine empfindlichen Füße nehmen kann ... wie bitter leidet man darunter, mit lauter Snobs verkehren zu müssen, die einen verachten, wenn man zweimal im gleichen Kleid erscheint ...! Auch kann man einen Mann ins Feld führen, der es nicht duldete, daß man einen billigen Persianer nahm (es gab sie schon von 1800 Mark an), und der so energisch dagegen war, daß seine Frau ohne drei verschiedenfarbige Anoraks in den Wintersport fuhr. Manchmal ahnt übrigens der Betreffende selbst nicht das geringste von seinen Forderungen. Im Gegenteil, er ist recht verbittert über manche Ausgabe.

Natürlich kann man auch mit vielen anderen Dingen angeben. Das eigene Elternhaus beispielsweise wird bei manchen Leuten immer herrlicher und prächtiger und bei anderen immer ärmlicher und trauriger – je nachdem, ob man mit dem eigenen guten Stall prunken will oder aber mit der Leistung, sich aus kleinsten Verhältnissen hochgearbeitet zu haben. Da die wenigsten Angeber präzise wissen, was sie wem gegenüber behauptet haben, so verwandelt sich mancher Bauernhof in ein Gut, von einem Gut in ein uraltes Schloß, unter Umständen sogar mit Gespenst. Andererseits wird aus einer rüstigen Mutter, die als Frau eines mittleren Postbeamten zwar kein üppiges, aber doch gesichertes Leben führte, eine bedauernswerte Witwe, die für Geld fremder Leute Wäsche wusch. Vom Garten eines alten Freundes, in dem ich höchst eigenhändig Murmeln gespielt habe, vernahm ich später, daß er durch einen Teich mit Springbrunnen und Schwänen geziert war. Eigentlich hätte mir das doch seinerzeit auffallen müssen. Wir hatten übrigens wirklich einen Springbrunnen im Garten. Wie hatten auch einen Chauffeur. Manchmal erzähle ich, daß mir der Chauffeur alle meine Milchzähne gezogen hat. Natürlich erzähle ich das rein zufällig, wenn von Kindergeschichten die Rede ist. Ganz unter uns gesagt, war der Springbrunnen nur etwa einen Meter hoch und sprang ziemlich dünn in einem kleinen Zementbekken, und den Chauffeur hatten wir nur relativ kurze Zeit, gemessen an den Jahren, in denen wir ein ganz und gar chauffeurloses Dasein führten. Sicherlich gibt es auch bei Ihnen so einen legendären Umstand, und sicherlich reden Sie auch manchmal davon. Rein zufällig.

Eigene Leistungen mit der nötigen Bescheidenheit zu berichten und dennoch dem Zuhörer ein eindrucksvolles Bild eben dieser Leistung zu vermitteln ist auch gar nicht so einfach. Trotzdem gelingt es manchem vorzüglich. Am besten verwendet man hier Zitate des Lobes von Dritten, denen man natürlich vorausschickt, daß sie wahnsinnig übertrieben sind. Übrigens geben alle Autofahrer mit ihrer Fahrkunst an. Dafür gibt es einen einfachen Test: Fragen Sie einen Autofahrer, wie weit es etwa von Bonn nach Düsseldorf oder von Hamburg nach Flensburg ist – garantiert wird er Ihnen die Fahrzeit nennen, die etwa Stirling Moss an weniger guten Tagen auf dieser Strecke erzielt hätte. Will man nicht immer viel zu spät und deprimiert am Ziel ankommen, muß man dies grundsätzlich in Betracht ziehen.

Fast jeder Mensch pflegt Umgang mit den verschiedensten Leuten, und fast jeder hat irgendwo unter seinen Bekannten ein Paradepferd oder deren mehrere. Von diesen Paradepferden und der Innigkeit des Vertrautseins mit ihnen allen andern Kunde zu geben, ist auch eine Möglichkeit oft gepflegter Angabe. „Ach, neulich beim Tee sagte doch XY zu meiner Frau, ‚liebe Betty ...'." Einer meiner Onkel – sonst ein ganz passabler und umgänglicher Mann – war mit Gerhart Hauptmann einmal zusammen etwa eine Stunde lang im Zug gefahren und profitierte sein Leben lang davon. Offenbar hatte sich der Dichter in dieser einen Stunde zu jedem vorkommenden Problem erschöpfend geäußert. Jedenfalls konnte der Onkel bei jedem Gespräch einflechten, was Hauptmann – in privater Unterhaltung natürlich – dazu meinte.

In einem bezaubernden Roman, dessen Titel ich vergessen habe, schickt der Held in froher Runde dem ihm völlig fremden Innen- oder Kriegsminister jeweils ein Telegramm (das er laut dem Kellner diktierte), des Inhalts, daß er leider an der Teilnahme am gemeinsamen Abendessen verhindert sei. Abgesehen davon, daß man heutzutage nicht mehr völlig in Ehrfurcht vor einem Minister erstirbt – diese Art von Angabe dürfte dann doch wohl etwas zu weit gehen, um nachahmenswert zu sein.

Aber so ein wenig dezent angeben ...

Ich bin gar nicht nervös!

Ein gutsituierter Herr in freiberuflicher Tätigkeit, den ich kannte, pflegte zuweilen an Tagen, wo ihm das Leben grau in grau erschien, wo ihm das morgendliche Gezwitscher der Vögel auf die Nerven ging und die Stimme seiner Gattin mißtönig erschien, den mannhaften Entschluß zu fassen, den ganzen Tag im Bett zu bleiben, weil, wie er sagte, er weder anderen noch sich selbst zur Freude gereichen werde. Abgesehen davon, daß diese Möglichkeit praktisch nur wenigen gegeben ist, haben aber auch nur wenige die Einsicht, daß sie an manchen Tagen die ausgesprochene Neigung haben, sich zu ärgern. Im Gegenteil, sie weisen es weit von sich zurück, in schlechter Gemütsverfassung zu sein: so wie jene Hausfrau, die wie ein Racheengel durch die Räume fuhr und auf die gutmütige Ermahnung ihres Gatten an die Kinder, die heute offensichtlich etwas nervöse Mutti tunlichst zu schonen, in höchst unnötiger Lautstärke bemerkte: „Ich bin überhaupt nicht nervös, ihr macht mich bloß nervös!"

In der Tat passieren aber auch an solchen Tagen lauter Dinge, die einen selbst in fröhlicher Stimmung verärgern würden. Bei dem einen sind es die Türen, die immer offenstehen, bei dem anderen die Angewohnheit mancher Menschen zu klingeln, obwohl sie einen Hausschlüssel bei sich tragen. Wieder andere können über jede kleinste Nachlässigkeit, die ihrem Plattenspieler und seinen Platten angetan wird, in Wutschreie ausbrechen, und noch andere können es nicht ertragen, wenn sie heimkommend mit

Botschaften und Anfragen eingedeckt werden, ehe sie noch den Mantel ausgezogen haben. Bei mir ist es die Angewohnheit mehrerer Familienmitglieder, Bonbonpapiere schlicht auf die Erde gleiten zu lassen, und die eines weiteren Familienmitgliedes, ehe Gäste kommen, vermittels einer Zigarette mindestens vier Aschenbecher zu benutzen. Natürlich fiele einem noch mehr ein – jeder Mensch hat ja seine Dollpunkte, die eigentlich seine Umwelt unschwer kennen und sorgfältig beachten sollte. Aber leider sind die Welt und die Umwelt nicht vollkommen.

Es ist schwer zu sagen, ob sich der nervöse oder – sagen wir es lieber ehrlich – der schlechtgelaunte Mensch besser befindet, wenn er sich allein vor sich hin ärgert oder wenn er Publikum hat. Sicher ist es befriedigend, dem Sohn, in dessen wie eine Kreuzung von Räuberhöhle und Trödelmarkt wirkendes Zimmer man soeben angewidert geblickt hat, gleich die Meinung zu sagen und ihn unter Umständen auch den ungeputzten Schuh, der auf seinem frisch bezogenen Bett lag, vor die Füße zu schleudern. Ganz gewiß verschafft es eine gewisse Genugtuung, daß die Seufzer gehört werden, mit denen man Sessel vom Vorabend wieder an Ort und Stelle schafft, woran offensichtlich kein anderer gedacht hat. Aber andererseits ist es für den Mißlaunigen auch sehr angenehm, wenn niemand etwas von ihm will. Wie soll man nur an sich halten, wenn einem auf Schritt und Tritt irgendein lieber Mensch von fröhlichem Unterhaltungsbedürfnis folgt und nicht nur redet, sondern auch teilnahmsvolle Antworten erwartet? Und auch die sonst gelassen hingenommene Bitte, den ausgerenkten Reißverschluß wieder zu richten oder die französische Hausarbeit nachzusehen, macht einen noch kribbeliger.

Schlechtgelaunte Hausfrauen stehen manchmal unter dem bedrückenden Eindruck, daß all ihr Tun doch umsonst ist – ein nicht zu bewältigender Berg von Mühe und Arbeit, den eine verständnislose Mitwelt noch immer höher auftürmt. Dann verfallen sie in lähmende Untätigkeit.

Zumeist aber setzten sich Nervosität, Zorn und Unbehagen in erhöhte Tätigkeit um. Der Besen, den eine mißlaunige Hausfrau handhabt, gibt ganz andere Arbeitsgeräusche von sich, wie jedermann wohl schon irgendwann in seinem Leben furchtsam zu hören Gelegenheit hatte. Und der Tätigkeitsdrang wird auf Gebiete ausgedehnt, die nicht zum Alltäglichen gehören: der Keller wird aufgeräumt, die Gardinen gewaschen, die Spielkiste aussortiert und der friedlich vor sich hinschlafende Hund gebadet. Man kann natürlich auch die Garage fegen, die Polstermöbel reinigen, die Fußleisten scheuern oder sonst etwas Ungewöhnliches in Angriff nehmen. Manchmal wird man bei diesen schönen Aufgaben zusehends heiterer und gelöster. Manchmal aber auch führt allein die Tatsache, daß andere Menschen derweilen völlig ungerührt herumsitzen und lesen, zu einer weiteren Verfinsterung. Es soll sogar schon vorgekommen sein, daß man Zeuge werden mußte, wie diese herumfaulenzenden Menschen sich verständnisinnig angrinsten. Wenn aber je einmal einer dieser anderen Menschen schlechte Laune haben sollte, dann kann man gar nicht mehr verstehen, wie ein vernünftiges Wesen sich so gehen lassen kann!

... die ganze Nacht kein Auge zugetan!

In einem klugen Buch über die Verwirrungen des menschlichen Geistes las ich einmal, daß bei manchen Leuten die Verrücktheit damit beginnt, daß sie sich ein sogenanntes Schlafzeremoniell schaffen, das heißt, daß etwa der linke Zipfel des Kopfkissens in einem bestimmten Winkel zur Bettkante ausgerichtet sein muß, daß das Wasserglas nur dreiviertel voll sein darf und daß man vor dem Einschlafen unbedingt noch dieses oder jenes regelmäßig sagen oder tun muß. Je sinnloser alle diese Forderungen sind, desto verrückter ist man.

Da ich medizinisch ein unblutiger Laie bin, habe ich vielleicht alles falsch verstanden, aber wie bei fast jeder Lektüre über irgendeine Art von Krankheit begann ich sofort bei mir die entsprechenden Symptome zu verspüren. Oder ist es etwa kein Tick, wenn meine Armbanduhr unbedingt auf der linken vorderen Ecke meines Nachttisches liegen muß, obwohl ich nur alle Jubeljahre einmal nachts oder morgens früh darauf schaue? Ist es nicht bedenklich, daß ich Einschlaflektüre brauche, auch wenn ich todmüde bin und mich nur mühsam für meine Einschlaflektüre wachhalten kann? Das einzige Tröstliche bei diesen Symptomen ist nur, wie weit verbreitet sie doch auch bei andern Menschen sind. Bei Menschen, die am Tage noch einen relativ vertrauenerweckenden Eindruck machen, obwohl die einen zum Beispiel jeden Abend auf dem Kopfe stehen, die anderen sich die Augen zubinden, die dritten Frank Sinatra hören müssen, die vierten sich vergewissern, ob auch der Hausschlüssel am Schlüsselbrettchen hängt und nicht etwa auf der Kommode liegt – ganz zu schweigen von denen, die nach ihrem Schmuckkasten schauen oder unters Bett sehen. Es gibt eine ungeheure Menge von Mittelchen, durch die man sich selbst ein ungestörtes Einschlafen zu garantieren glaubt. Angesichts der Fülle all dieser Möglichkeiten kann man sich ausrechnen, wie schrecklich selten es darum vorkommt, daß zwei zueinander finden, die beide etwa gegen elf müde werden, dann noch ein bißchen im Bett lesen wollen und schließlich Wert darauf legen, bei zugezogenen Rolläden in ägyptischer Finsternis zu schlafen. Meist gibt es da gewisse Unstimmigkeiten, die mit äußerster Diplomatie beigelegt werden müssen, denn nichts ist dem Menschen so heilig wie sein eigener Schlaf – es sei denn die eigene Schlaflosigkeit.

Versuchen Sie nie, einem Menschen, der behauptet, die ganze Nacht kein Auge zugetan zu haben, das Gegenteil zu beweisen, auch wenn Sie es ganz genau wissen, da selbstverständlich Sie es waren, der kein Auge zutun konnte. Es tröstet nämlich merkwürdigerweise keinen Schlaflosen, daß er offensichtlich doch zwischen zwölf und sechs fest entschlummert ist, sondern erbittert ihn. Selbstverständlich hat er sich nur still verhalten, um Sie nicht zu stören, und selbstverständlich hat er alles mitbekommen und wahrgenommen; auf Ihr detektivisches Fragen hin hat er sogar Flugzeuglärm, Badezimmer-Wanderungen und Telefonklingeln gehört – was alles gar nicht stattgefunden hat. Übrigens erfüllt fast jeden Menschen, der wirklich einmal nicht schlafen kann, eine tiefe Erbitterung gegen den, der sein Los nicht teilt. Man lauscht neidvoll den tiefen, friedlichen Atemzügen des anderen und findet ihn eigentlich etwas roh und gefühllos. In dieser Stimmung wird der Text zu mancher mit alten und neueren Vorwürfen gespickten Rede entworfen, die der ahnungslose Schläfer innerhalb der nächsten Tage bestimmt unversehens gehalten bekommt.

Längst nicht alle Menschen haben mit den Lerchen die Eigenschaft gemeinsam, daß sie früh und froh erwachen, und längst nicht alle, die diese schöne Eigenschaft nicht haben, wissen sie bei anderen recht zu schätzen. Auch das kann zu ernsthaften Verstimmungen führen. Nicht jeden mißmutig in den allzu hellen Tag blinzelnden Mann erfreut die silberne Quelle des munteren Redeflusses seiner sonst durchaus geliebten Gattin; nicht jede Frau, die sich gähnend im Bad provisorisch die Locken ordnet, hat Sinn für frohe Morgenscherze mit kaltem Wasser oder Rasierschaum. Auch gibt es – vor allem männliche – Nicht-Lerchen, die es hassen, schon am frühen Morgen schwierige Fragen gestellt zu bekommen, wie etwa die, ob man zum Mittagessen mit ihnen rechnen kann und ob sie am Abend Lust auf Bratklops oder Robert Redford verspüren werden.

Auch das Verhältnis zum Bett ist sehr verschieden. Für manche ist es lediglich eine Schlafstätte, die sie gleich nach dem ersten Erwachen mit einem entschlossenen Satz verlassen, während andere ihr Bett als angenehmen Aufenthaltsort nicht nur zum Schlafen, sondern auch zum Lesen, Nachdenken, Frühstücken und als Stätte für endlose Gespräche schätzen. Einen solchen Platz tagtäglich in grauer Morgenfrühe zu verlassen ist natürlich eine Tat der Selbstüberwindung, die nur Menschen, die gleichfalls ihr Bett lieben, richtig zu würdigen verstehen.

Und nun: Gute Nacht, sonst werde ich zu müde, um noch ein bißchen im Bett zu lesen. Und das brauche ich – Sie wissen ja –, denn sonst kann ich nämlich beim besten Willen nicht richtig einschlafen...

„Typhus allein genügt wohl nicht!?"

Als neulich allzu intim über Krankheit und Operation eines prominenten Menschen in den Zeitungen zu lesen war, ergaben sich heftige Diskussionen darüber, wer sich denn hier wohl einer solchen Indiskretion schuldig gemacht habe. Ich glaube: gar keiner! Denn warum soll dieser Herr anders sein als seine Mitmenschen, die meist alle dazu neigen, nach Krankheiten und vor allem nach Operationen zunächst einmal haargenau allen möglichen Leuten zu berichten, wie es war. Natürlich verläuft eine solche Krankengeschichte nie völlig normal: Entweder gab es unerhörte Komplikationen, bei denen der berühmte Spezialist noch im Nachhinein unter bedenklichen Andeutungen den Kopf schüttelte, oder aber man besaß eine so eiserne Konstitution, daß man bereits allein zur Toilette marschierte, als andere Leute unter gleichen Umständen noch kaum aus der Narkose erwacht waren. Vielleicht hat man auch noch gerade den aller-allerletzten Moment für den lebensrettenden Eingriff erwischt, so daß eine Verzögerung von nur weiteren fünf Minuten das sichere Ende bedeutet hätte... Aber ganz bestimmt war keiner von uns der berühmte Normalfall, wie er im Lehrbuch steht. Ein so im wahrsten Sinne einschneidendes Erlebnis darf einfach nicht zum Routinefall degradiert werden!

So geht man in den nachfolgenden Wochen davon aus, daß die Mitwelt an so einem medizinischen Sonderfall mächtig interessiert sein muß. Leider trifft dies nur bedingt zu. Möchte man beispielsweise von seinem Blinddarm erzählen, der als solcher lebensgefährlich spät erkannt wurde, so kann es einem passieren, daß man statt dessen vom Blinddarm der Schwägerin des Zuhörers erzählt bekommt, der – wie man leider zugeben muß – dadurch besonders dramatisch war, weil er auf einem Ozeandampfer stattfand. Will man von seinen entfernten Gallensteinen berichten, so muß man erfahren, daß andere Leute viel mehr und viel größere davon hatten. Und obwohl es einen eigentlich freuen sollte, daß man nicht so schlimm dran war wie die Betreffenden, ärgert es einen in diesem Augenblick merkwürdigerweise doch. Und wenn man umgekehrt stolz davon berichtet, wie schnell man nach der Narkose wieder auf den Beinen war, gibt es sicher jemanden, der den gleichen Eingriff nur bei örtlicher Betäubung wundervoll überstanden hat. Kurzum – man macht die Erfahrung, daß das Interesse gerade an unserem eigenen Fall nicht so brennend ist, wie man erwarten könnte.

Aber nicht nur von seinen Operationen möchte man berichten! Erzählenswert ist beispielsweise, was ein Mensch erleidet, von dem zuerst angenommen wird, er müßte eine böse Operation durchstehen, und der dann doch nur als ganz harmloser Fall, dem mit Medikamenten beizukommen ist, diagnostiziert wird. Dieses Abenteuer möchte man mit allen Einzelheiten („... und da sagte der Röntgenarzt, daß da ein Schatten wäre, der ihm gar nicht gefiele ...“) abladen. Es interessiert einen dann nur mäßig, daß jemand anderes eine Dame kennt, die vor zwei Jahren eben diese Operation gut überstanden hat. Oder: Gerade hat man interessanterweise mit Hilfe eines tüchtigen Internisten herausgefunden, daß alle die großen und kleinen Beschwerden nur von einem nicht einwandfrei funktionierenden Kreislauf berrührten. Schon bekommt man garantiert zu hören, daß irgend jemand seit Jahren einen noch viel schlechteren Kreislauf mit viel größeren Beschwerden hatte, ganz zu schweigen von einem anderen, den schließlich sein ganz besonders schlechter Kreislauf ins kühle Grab gebracht haben soll.

Unter diesen Umständen ist es zu verstehen, daß manche Leute dazu neigen, ihre Krankheiten zu dramatisieren. Eine Erkältung ist bei ihnen stets eine Grippe (wobei dann ein Schnupfen logischerweise zur Kopfgrippe avanciert), jede Art von Bauchweh wird zur Kolik und ein verdorbener Magen zur Lebensmittelvergiftung. Leider hat dies oft die umgekehrte Wirkung. Als vor einiger Zeit eine Tante von mir berichtete, ihre Kinder hätten Paratyphus, ging ein Raunen durch die Familie: „Typisch Elisabeth, Typhus allein genügt ihr wohl nicht!" Was erst einmal beweist, daß es mit den medizinischen Kenntnissen bei uns nicht allzuweit her ist, und zweitens, daß dieser Tante der Ruf vorauseilt, Krankheiten zu dramatisieren. Aber nicht nur bei uns in der Familie gibt es Leute, die alles besser wissen als der Betroffene. Hinterrücks oder offen ins Gesicht geben sie ihren Zweifeln Ausdruck: „Wenn die wirklich dies oder das hätte, müßte sie mindestens drei Wochen liegen... wäre sie in Vollnarkose operiert... könnte sie auf keinen Fall schon wieder ins Büro... hätte sie mindestens zehn Pfund abgenommen..."

Solche und ähnliche kränkende Zweifel verbittern den Patienten sehr, wenn sie ihm zu Ohren kommen. Vielleicht wäre es darum klüger, wenn man seine akuten oder gehabten Leiden der Mitwelt, soweit es ihr an Verstand oder Verständnis mangelt, vorenthält. Oder man sollte sich so unbestimmt ausdrücken wie jene alte Dame, die mir berichtete: „Ich habe es so sehr an den Symptomen!"

Acht Tage kommt er, acht Tage geht er...

Das wirklich Schlimme am Schnupfen ist, daß er eigentlich nicht zu den richtigen, ausgewachsenen Krankheiten gezählt wird. Nun würde das ja nichts ausmachen, wenn man sich nicht gerade mit dieser Krankheit, die keine ist, so furchtbar krank fühlte. Man leidet entsetzlich: an der Nase, an rauhen Lippen, an dumpfem Kopf, an auf das schlimmste beeinträchtigter Schönheit und an trüber Stimmung. Andere Menschen, die unglücklicherweise immer sofort zu vergessen scheinen, wie elend ihnen noch vor kurzem zumute war, als sie von den gleichen Symptomen völlig zermürbt waren, nennen die tiefen seelischen Depressionen, die einem die Gegenwart sinnlos und die Zukunft schwarz erscheinen lassen, schlicht: schlechte Laune, und sie geben dem Befallenen unter Umständen sogar den Rat, sich nicht so anzustellen. So ein einfacher Schnupfen ... am besten sollte man ihn gar nicht beachten ... vor allem gäbe es ja noch viel schlimmere Schnupfenanfälle ... sie selbst beispielsweise im letzten Monat ...! Kein Mensch hat es gern, wenn man seine Leiden geringachtet, aber jedes Gegenargument verliert sichtlich an Wirksamkeit, wenn es durch die Nase ausgesprochen wird.

Übrigens ist der Ratschlag, daß man einen Schnupfen möglichst wenig beachten solle, auch nicht der beste. Als Kinder verfuhren wir nämlich alle nach diesem Rezept und behandelten die Symptome lediglich von Zeit zu Zeit durch einfaches Hochziehen, was uns weiter nicht bei wichtigeren Beschäftigungen aufhielt. Alle entsinnen wir uns, wie oft und energisch wir damals darauf hingewiesen wurden, daß solche Nichtachtung eines wohlerzogenen Kulturmenschen unwürdig sei. Da ich ein besonders kulturloses Kind gewesen sein muß, erhielt meine Schwester den Auftrag, in diesem Punkt auf mich zu achten. Sie erledigte diesen Auftrag sehr dezent, indem sie bei Bedarf nur die Worte „Es glitzert" sprach. Noch viel später, als ich in hemmungslosem Kummer meinen ersten unglücklichen Lieben nachweinte, pflegte sie zu meinem maßlosen Zorn meinen Schmerz zu entweihen durch die schnöden Worte: „Es glitzert!" In der Tat hat ein verschnupfter Mensch sehr viel Ähnlichkeit mit einem verweinten. Andere Kranke mögen vor Fieber brennende, eindrucksvoll große Augen haben; der Mensch mit der Krankheit, die keine ist, blickt aus verschwollenen, tränenden Schweinsäuglein vorwurfsvoll und verzweifelt in die Welt, die ihn nicht versteht. Dieses Nichtverstehen bringt manche dazu, sich einfach eine würdigere Krankheit zuzulegen. Vor allem Männer leisten hier Großes. Der Schnupfen wird zu einer Grippe befördert. Selbstverständlich haben sie Fieber, das fühlt man doch inwendig. Nein, ein Fieberthermometer ist nicht notwendig, schließlich kennt man ja seinen Körper! Man wird Tabletten nehmen, irgendwo müssen doch noch welche sein. Ja, die schmerzstillenden tun es auch. Man hat zwar keine Schmerzen, aber ganz sicher wird man welche bekommen. Es fragt sich überhaupt, was für eine Krankheit aus dieser Grippe noch werden wird. Irgendwie hat man so eine merkwürdige Vorahnung. Aber ein guter Grog kann bestimmt nicht schaden. Vor allem aber braucht man Liebe und teilnahmsvolle Pflege, denn so eine Grippe läßt nicht mit sich spaßen, und überhaupt hat man so einen Druck auf der Stirn – hoffentlich ist nicht alles bis obenhinauf entzündet!

Aber dank jahrtausendelanger Erfahrung der Menschheit auf diesem Gebiet steht der moderne Mensch den Attacken des Schnupfens zwar wehrlos, aber nicht untätig gegenüber. Er kann etwas tun, wenn auch im Grunde genommen die Erfolge der mannigfaltigen Behandlungsweisen nicht so besonders überzeugend sind. Immerhin, die gewissenhafte Behandlung eines Schnupfens kann zu einer tagesfüllenden Beschäftigung werden. Übel- oder wohlriechende Tränke wollen gebraut und getrunken, Tropfen für Mund und Nase müssen angeschafft und angewandt werden, Bäder und Wickel sind vonnöten, desgleichen vitaminhaltige Früchte und eukalyptusduftende Bonbons, man kann inhalieren und transpirieren, sich einen Strumpf um den Hals wickeln und ein Katzenfell um die Schultern legen. Man kann auch auf alles dies verzichten und sich nach dem Ankauf eines genügenden Vorrats an Papiertaschentüchern in sein Schicksal ergeben. Nur eines kann man auf keinen Fall: mit dem Mitgefühl der anderen Menschen rechnen. Sie sind, selbst wenn es sich um die nächsten Anverwandten handelt, kalt und herzlos, und ihr spöttisches Gebaren kann einen verschnupften Kranken noch verschnupfter machen. Ganz abgesehen davon, daß einige Überängstliche, die offiziell natürlich behaupten, von einer Krankheit könne gar keine Rede sein, dennoch um den mit Taschentüchern herumhantierenden Patienten einen Bogen wie um einen Aussätzigen machen.

Aber wenn wir dann eines Morgens erwachen, probeweise ein wenig schnüffeln und feststellen, daß wir plötzlich wie durch ein Wunder über Nacht genesen sind, wie werden wir dann alle die verachten, die sich wegen eines lächerlichen Schnupfens anstellen, als seien sie todkrank!

Und jetzt essen wir brav unseren Teller leer...

Der Blinddarm schmerzt. Oder man ist die Treppe hinuntergefallen. Man hat Fieber. Kurzum: es gibt tausend Möglichkeiten, über Nacht krank zu werden. Und eines schönen Tages landet man also im Krankenhaus. Man liegt in einem unheimlich hohen, weißen Bett, ist von all den Sorgen und Pflichten des Alltags getrennt und hat nur noch die Aufgabe: gesund zu werden. „Wenigstens ...", so denkt der unerfahrene Mensch, der tapfer versucht, allen Ereignissen des Lebens gute Seiten abzugewinnen, „... wenigstens kann ich mich hier mal gründlich ausschlafen!" Der unerfahrene Mensch wird schon am nächsten Morgen in grauer oder sogar schwarzer Frühe lernen, daß man nirgendwo so früh aufwachen muß wie dort, wo man nicht aufstehen darf. Nach unerforschlichen Gesetzen wird man aus tiefem Schlaf gerüttelt und muß sich zu einer Zeit waschen, wo gesunde Menschen noch lange träumen dürfen. Auf die Frage „warum?" bekommt man Antworten, die so tief in die Führung eines so großen Hauses hineinführen, daß man sie kaum noch begreift. Außerdem macht der Gewaltige des Hauses, seines Zeichens Professor oder zum mindesten Oberarzt, am späten Vormittag Visite. Zu dieser Visite muß man gemessen, gewaschen, mit geputzten Zähnen, in einem pieksauberen Zimmer mit gescheuerten Waschbecken und aussortierten Blumen liegen, und die Reste des Frühstücks müssen bereits sorgfältig entfernt sein. Natürlich ist es angesichts der Wichtigkeit dieser Visite am besten, wenn bereits eine

Stunde vorher alles bereit ist. Der Patient, durch die Vorbereitungen eingeschüchtert, kommt sich der von einem blütenweißen Gefolge begleiteten gleichfalls blütenweiß erscheinenden Kapazität gegenüber wie ein unmündiges Kind vor und schämt sich geradezu einzugestehen, daß die Tabletten nichts geholfen haben. Wie gut, daß in diesem Fall eine sonnige Schwester Hilde oder Annemarie zu sagen pflegt: „Aber wir haben gestern schon brav einen ganzen Teller Hühnersuppe gegessen ..." So endet die aufregende Visite meistens doch mit einem Lob und allgemeiner Zufriedenheit. Jeder Mensch mit Minderwertigkeitskomplexen kann im Krankenhaus geradezu aufblühen, denn man kann hier für die einfachsten Dinge Lob ernten: ein leergegessener Teller, ein selbstgewaschenes Gesicht, nicht benutzte Schlaftabletten, ein Gang über den Flur und brav ausgeführte gymnastische Übungen – Schwester Hilde, Annemarie oder Elisabeth ist stets bereit zu loben. Vorausgesetzt natürlich, man ist ein braver Patient. Nicht-brave Patienten tun schlimme Dinge: sie rauchen an verschwiegenen Orten, sie lassen sich von Verwandten Leberwurstbrote schenken, sie bleiben nicht liegen, wie sie sollen, sie erlauben Gesunden, sich auf ihr Bett zu setzen, sie bekommen Besuch von Leuten, die laut lachen oder sprechen und die Schwester nicht höflich begrüßen und, was das allerschlimmste ist: sie klingeln bei jeder Gelegenheit. Bei welcher Gelegenheit es sich für einen Patienten ziemt zu klingeln und bei welcher nicht, ist noch nicht genau ergründet worden. Die eine Schwester nimmt es übel, wenn man ihr nachts um drei mitteilen möchte, daß einem irgend etwas scheußlich weh tut, während die andere es fröhlich und dienstbereit aufnimmt, daß man gern noch ein Stück Zucker zum Kaffee hätte. Die eine seufzt ausdrucksvoll, wenn man ein Fenster, durch das nur ein wenig Regen hineinweht, geschlossen haben möchte, während die andere gleich einsieht, daß die rosa Nelken in eine andere Vase müssen. Außerdem können manche Patienten nach kürzester Zeit auch die bärbeißigste Krankenschwester um den Finger wickeln, während es andere trotz aller Demut nie erreichen, daß sie nachmittags das Kännchen Milch zum Tee bekommen, um das sie wochenlang freundlichst bitten. Unter Umständen können sich auf diese Art latente Kriegszustände entwickeln, die den Patienten außerordentlich beschäftigen und für die selbst der liebste und nächste Besucher kein rechtes Verständnis aufbringen kann. Der kranke Mensch hat von seiner Kindheit her irgendwie noch die Erinnerung, daß alle Welt ihn verwöhnen müßte, auch, wenn er sich zu krank fühlt, um selbst nett zu sein.

Eine große Rolle spielt im Krankenhaus ein Ereignis, das viermal täglich eintritt und für manche die einzige Abwechslung darstellt: das Essen. Viele Krankenhäuser haben eine etwas merkwürdige Art der Zubereitung von Speisen, die den sicher nicht beabsichtigten Zweck erfüllt, den Appetit der Kranken in bescheidenen Grenzen zu halten. Wer kennt ihn nicht, den Anblick von merkwürdig zerkochtem Fleisch, wenigen, aber riesigen Kartoffeln und Erbsen von gleichfalls mißtrauenerweckender Größe? Dazu stößt man immer wieder auf einen anscheinend für Krankenhäuser erfundenen Pudding weißlichen Aussehens in einer Sauce, die aus aufgelösten Himbeerbonbons zu bestehen scheint. Man hat in manchen Fällen wirklich ein hohes Lob verdient, wenn man brav seinen Teller leer ißt.

Allmählich lebt man sich ganz ein. Man weiß, daß es sonnabends kalte Küche gibt, daß montags die nette Schwester Hilde Ausgang hat, daß der Oberarzt kein Schlafmittel gibt, der Assistent aber doch, man spricht darüber, daß Nummer neun immer klingelt und Nummer zwölf ihren Morgenrock mal in die Reinigung geben sollte, man beachtet, wer gern Schokolade ißt und wer raucht, und man hat endlich gemerkt, daß Schwester Annemarie es gar nicht so schlimm meint, wenn sie ein muffiges Gesicht zieht. Und dann wird man entlassen.

Bloß keine Aufregung!

Häufig passiert es, daß der Doktor einem Patienten dies oder jenes verbietet: das Rauchen, das Schlagsahneessen, das lange Aufbleiben, das Biertrinken, das Reiten, Hummer mit Mayonnaise, Eisbein mit Sauerkraut, kalte Bäder im Ozean oder heiße Bäder in der Wanne, Bergsteigen, Flugreisen und alle Schnäpse. Manchmal ist das Leben gar nicht mehr so schön wie vor dem Arztbesuch. Aber zur Not kann man alle diese Anweisungen brav befolgen (wenn es auch in manchen Fällen ungeheurer Energie bedarf) und hoffen, daß man durch harten Verzicht wieder zu einem gesunden Menschen wird, der bei gutem Befinden ein hohes Alter erreicht. Wie aber – um Himmels willen – soll man bloß dem Befehl des Arztes folgen, der einem strikt verbietet, sich aufzuregen? Es ist doch nicht so, daß man morgens aus dem Fenster schaut und denkt: Die Sonne scheint, heute ist Mittwoch, du hast so recht nichts vor – also regst du dich mal auf! Oder: Meine Kinder haben soeben ein Fläschchen Tinte auf dem neubezogenen Sofa ausgekippt; gestern, als sie den Bettvorleger geschoren haben, habe ich mich nicht aufgeregt, aber heute rege ich mich zur Abwechslung mal wieder auf! Oder: Mein Mann ist noch nicht daheim, obwohl es schon halb drei in der Nacht ist; noch eine Viertelstunde – dann rege ich mich aber auf! Ich weiß wirklich nicht recht, wie sich das doch sonst ganz kluge Leute vorstellen, wenn sie mit großer Überzeugungskraft in der Stimme verordnen: „Bloß keine Aufregung!“ Gründe, sich aufzuregen, gibt es immerzu, wobei es bei verschiedenen Leuten sehr verschieden ist, was sie schon aus der Ruhe bringt und was noch nicht. Die berühmte Fliege an der Wand kann schon Zustände herbeiführen, während anderswo drei Hunde, die unter Einbeziehung des Sofas Hundekrieg spielen, nur schallendes Gelächter hervorrufen. Manche Eltern geraten außer sich, wenn ihre Tochter zu spät aus dem Kino heimkehrt, während andere die ihre seelenruhig mit Freund und Zelt nach Afghanistan fahren lassen. Merkwürdigerweise aber haben gerade die Leute, denen der Arzt strikt jede Aufregung verboten hat, zumeist die Neigung, sich ganz besonders leicht aufzuregen. Ohne jemandem nahetreten zu wollen, muß ich leider feststellen, daß jeder von uns wohl irgendeinen kennt, der eine milde Tyrannei auf seine ganze Umwelt dadurch auszuüben vermag, daß ihm jede Aufregung strikt verboten ist. Man läßt dieses und jenes, um seine Ruhe nicht zu gefährden, man erspart ihm nach Möglichkeit unangenehme Wahrheiten, und vor allem fängt man keinen Streit mit ihm an, weil ihn gerade dies immer so schrecklich aufregt. Die ganze Verwandtschaft schaut einen unter Umständen vorwurfsvoll an, wenn Tante Emmi mit ersterbender Stimme sagt, sie habe die ganze Nacht vor Herzklopfen nicht geschlafen, weil man das leidige Thema des von ihr in Verwahr genommenen und laut Testament zur Verteilung bestimmten Silbers angerührt habe. Übrigens soll es auch dem Vernehmen nach Mütter geben, die schon der Gedanke an eine Trennung von ihrem einzigen Sohn so aufregt, daß jedesmal der Arzt geholt werden muß, wenn dieser Sohn auch nur andeutungsweise von einer Verlobung redet. Hat die Braut Pech, verordnet der Doktor nicht nur irgendeine Medizin, sondern verbietet für die Zukunft strikt jede Aufregung. Wenn es übrigens manche Männer vorziehen, ihren Frauen, Freundinnen und Müttern Aufregung zu ersparen, geschieht das auch oft aus dem ganz egoistischen Wunsch, möglichen Ärger zu umgehen – so wie sie als Jungen bereits schlechte Klassenarbeiten möglichst verschwiegen, angeblich um den Müttern nicht den Sonntag (oder Montag oder Dienstag) zu verderben.

Es ist noch gar nicht so lange her, da fielen, vorwiegend in Romanen, Damen bei jeder heftigen Aufregung in Ohnmacht. Das war sicher häufig ein Mittel, sich zunächst einmal dem Geschehen zu entziehen – was unter Umständen viel für sich hat – oder jede weitere beunruhigende Diskussion abrupt zu unterbrechen. Außerdem war der, der bei einer zartbesaiteten Dame einen Ohnmachtsanfall verursachte, sowieso schon im Unrecht. Durch Erfahrung gewitzte Zofen und Anverwandte hielten übrigens, wenn es kritisch wurde, ein Riechfläschchen bereit, dessen Inhalt die zarten Nasen so reizte, daß es schier unmöglich war, nicht niesend dem bewußten Leben zurückgeschenkt zu werden. Aber just aus der Ohnmacht Erwachte hatten natürlich noch längere Zeit einen Anspruch auf äußerste Schonung.

Ganz verfehlt, ja geradezu beleidigend, ist es, einem Menschen, der sich aufregt, zu empfehlen, sich bloß nicht aufzuregen, und wenn dieser Ratschlag noch mit dem schmückenden Beiwort „künstlich“ versehen wird, kann man ganz sicher sein, daß er nicht zur Beruhigung beiträgt. Vor allem bei einem Menschen in Wut sollte man da ganz vorsichtig sein, was sicher mancher beispielsweise in Ehekrächen schon einmal erfahren hat. Psychologisch geglückt, um jede Aufregung zu verhindern, fand ich übrigens im Kriege die Schrift an einem Hamburger U-Bahnhof, der auch als Luftschutzbunker benutzt wurde: „Bei Wassereinbruch Ruhe bewahren! Wasser steigt langsam!“

Sage mir, was du träumst...

In berühmten Dichtungen erzählen Dichter oder die geschilderten Personen bisweilen ihre Träume. Sie träumen herrliche Dinge von poetischer Schönheit, schicksalsträchtiger Andeutung und zwingender Folgerichtigkeit. Wenn man so etwas liest, ist man der Bewunderung voll und geniert sich geradezu, daß man nicht auch einmal so etwas Literarisches von verwunschenen Gärten, überklugen Greisen, symbolischen Paradiesvögeln, kostbaren Juwelen, bunten Abenteuern und druckreifen Zitaten träumen kann. Es ist wirklich sehr beschämend, daß man so gar nichts Rechtes zustande bringt.

Statt von Perlen, Edelsteinen und magischen Büchern, die die letzte Weisheit enthalten, träume ich beispielsweise von Hausschuhen. Es sind karierte Kamelhaarhausschuhe mit umgeklappten Rändern und platt gewordenen braunen Seidenbommeln. Nachweislich habe ich solche Pantoffeln in Wirklichkeit nie besessen. Im Traum aber trage ich sie vorzugsweise – wie ich mit lähmendem Entsetzen feststellen muß – bei repräsentativen Anlässen. Manchmal habe ich auch bei solchen Gelegenheiten ein ausgewaschenes Flanellhemd an, doch das geschieht seltener und verstört mich merkwürdigerweise nicht so sehr wie die Pantoffeln. Irgendwie habe ich aber dabei immer die Hoffnung, daß es nicht auffällt.

Sicher ist es sehr unvorsichtig, daß ich diesen Traum erzähle, denn es gibt Leute, die können so etwas deuten. Meist ist die Deutung wenig schmeichelhaft und sehr kompliziert. Wenn man etwa im Traum den Milchmann küßt, bedeutet es nicht, daß man auch tagsüber den Milchmann im Herzen trägt, sondern ein echter Traumforscher kommt vom Milchmann auf die Milch und von der Milch auf die Mutter, und dann läuft schließlich alles darauf hinaus, daß man als Kind zuviel Prügel gekriegt hat oder etwas Ähnliches. Deshalb braucht sich auch kein Ehemann namens Otto zu entrüsten, wenn seine Gattin nachts im Traum mehrmals „Peter" murmelt. Es hat sicher nichts mit seinem sträflich gut aussehenden Jugendfreund Peter zu tun: die Deutung wäre denn doch zu simpel.

Andere Leute, vor allem weibliche ältere Jahrgänge, erklären Träume nach festen Regeln. Träumt man beispielsweise von Läusen, bedeutet es, daß man in nächster Zukunft mit größeren Geldeingängen zu rechnen hat; träumt man hingegen von Ratten, so wird man verleumdet; und träumt man von Gold, so bekommt man keins. Ich bemühe mich seit vielen Jahren vergeblich, von Läusen zu träumen. Auch der heilige Christophorus will mir nicht im Traum erscheinen, so lieb mir das auch wäre, zöge doch sein Erscheinen unweigerlich eine große Reise nach sich – wie meine Großmutter behauptet. Viele Menschen träumen gleiche oder doch ähnliche Dinge, und man fühlt sich irgendwie sympathisch angerührt, wenn man hört, daß Frau Meyer, mit der man sonst nichts gemeinsam hat, auch zuweilen beim Einschlafen mit verschrecktem Zusammenfahren nacheinander in mehrere Abgründe stürzt. Vielleicht erlebt sie es auch, daß sie nicht mehr schreien und rennen, ja, zuweilen auch nur noch höchst unvollkommen sehen kann, wenn schwarze Männer mit Messern, eine hausgroße Riesenschlange oder ein ausgewachsener Gorilla mit unlauteren Absichten sie verfolgen. Diese Situation ist so entsetzlich, daß man in höchster Notwehr nur noch erwachen kann, und nichts geht über das unbeschreiblich tröstliche Erkennen, daß man daheim in seinem Bett liegt, wo in der Regel weder Messermänner noch Riesenschlangen oder Gorillas Zutritt haben.

Die richtig beseligenden Träume gibt es fast nur in Büchern. Nur ganz selten gelingt es einem etwa, mit ausgebreiteten Armen das heimatliche Rathaus zu umfliegen oder schwerelos und ohne Atemnot in einer Art grünbeleuchtetem Riesenaquarium elegant herumzutauchen; selten nur trifft man geliebte Menschen, die sich im Traum als solche aufführen – meist hat die Sache einen Haken: man steht etwa herrlich geschmückt als Braut am Altare und kann sich nicht darauf besinnen, wen man eigentlich heiraten soll; man will eine wundervolle Reise machen, aber man kommt mit dem Packen nicht vom Fleck und erreicht keinen Anschluß; man hat ein entzückendes Baby, aber man kann und kann keine Windel finden; man wandert trockene, staubige Wege, um zu einem Schwimmbad zu gelangen, und – dort angekommen – ist die Schwimmbadleitung gerade erst dabei, aus einem winzigen Wasserhahn Wasser in das Becken einlaufen zu lassen; oder man geht in den Keller, um Äpfel zu holen, und verläuft sich dabei hoffnungslos in einem Gewirr dunkler Gänge.

Viele Träume vergißt man, indem man sie träumt. Man erinnert sich nur am Morgen, daß man geträumt hat, aber kann mit dem besten Willen keine Auskunft darüber geben was. An diese Tatsache mögen sich alle die erinnern, die etwa wissen wollen, was es mit dem ausdrucksvollen „Peter“-Gemurmel auf sich hatte. Übrigens: das beste Mittel gegen beunruhigende Träume ist die tröstliche Nähe eines anderen Menschen – selbst auf die Gefahr hin, daß dieser ebenso seelenruhig wie erbarmungslos schnarcht.

„Ißt du das tatsächlich?!“

Neulich konnte ich einen als Feinschmecker bekannten würdigen Herrn beobachten, als er in einem Augenblick, da er sich unbewacht glaubte, mit sichtlichem Genuß die Brauselimonade eines ihm noch nicht einmal sehr nahestehenden Knaben austrank. Es war jene Sorte Limonade, die es in verschiedensten Farben gibt (auch in Grün) und die auf die verschiedenste Weise nach aufgelösten Bonbons schmeckt. Für viele Erwachsene ist es ein abscheuliches Getränk. Obwohl sie es doch als Kind mit Begeisterung in Selterswasserbuden erstanden und echte Probleme bei der Auswahl hatten, weil sich nie so ganz klären ließ, ob die gelbe Zitronenbrause der roten Himbeer- oder der grünen Waldmeistergeschmacksrichtung vorzuziehen war. Aber genauso, wie man es eines Tages leid wird, möglichst oft und laut auf einer Trillerpfeife zu pfeifen, gegen das Schlafengehen zu protestieren oder Frösche zu fangen, vergeht einem wohl auch der Geschmack an Brauselimonade – bis auf wenige Ausnahmen, die mehr oder weniger geniert weiterhin Genuß an diesem Getränk finden.

Andere wiederum – zu denen auch ich mich zähle – verlieren ihr ganzes Leben lang nicht den Sinn für den pikanten Wohlgeschmack von Lakritze, wohlgemerkt – es muß die richtige „ordinäre“ Sorte sein, die man etwa zu Schnecken aufgerollt bekommt (von denen man einzelne Fäden abziehen kann) oder zu Stangen geformt, die, wenn sie hohl sind, an beiden Seiten mit einem pastellfarbenen

Gummizuckerpfropfen versehen sind. Manche Leute schütteln sich bei dem Gedanken, Lakritze zu essen, und da sie leider ziemlich unüberriechbar duftet, verzichtet man unter Umständen diesen Leuten zuliebe weitestgehend auf den Genuß. Manchmal allerdings würde man ein freigebiges Kind tödlich beleidigen, wenn man nicht wenigstens einmal an der Riesenstange zu fünfzig abbisse. Dafür muß schließlich jeder Verständnis haben. Es soll allerdings schon vorgekommen sein, daß Leute, die sich in jedem Fall und voll feinschmeckerischen Hochmuts vor Lackritzenschnecken schütteln, ihrerseits armen wehrlosen Kindern ganze Gummischlangen wegessen! Jene Schlangen in Hellgelb oder Rosa, die sehr lang und sehr billig sind und die fatale Neigung haben, in Kindertaschen und -händen leicht anzuschmuddeln. Man kann sie bequem in die Länge ziehen, allerdings auf Kosten ihres Leibesumfanges, und sie bestehen aus dem gleichen Material wie jene Püppchen, die sich anfassen lassen und nahezu meterweise erstanden werden können.

Übrigens kann man alle diese und noch andere Hochgenüsse auf Jahrmärkten erstehen, wo es gewissermaßen zünftig ist, die Dinge einmal wieder zu genießen, vor denen anderen Menschen grault. Es gäbe da noch Zuckerwatte, Türkischen Honig, Hackepeter mit vielen Zwiebeln, Gummibären und Kokosflocken. Hier ist es erlaubt und gilt schon fast als witzig, Zusammenstellungen zu erfinden, die einen sonst aus der menschlichen Gesellschaft ausstoßen würden: Rollmops mit Bratwurst etwa oder Türkischen Honig mit Brathähnchen, Kartoffelpuffer mit Eis oder Schaschlik mit Lebkuchenherz. (Kein Wunder, daß manche Leute das Karussellfahren so schlecht vertragen!)

Einige würden für ihr Leben gern an jeder Kartoffelpufferbude stehenbleiben und schnell eine kleine Zwischenmahlzeit zu sich nehmen, wenn bloß ihre Begleitung ähnliche Wünsche verspürte. Andere spielen mit dem Gedanken, einen ganzen Ring der allerbilligsten Fleischwurst mit viel Knoblauch zu erstehen, wenn sie nicht genau wüßten, daß sie weder für diese Sorte Fleischwurst noch für Knoblauch auf die allergeringste Gegenliebe stoßen würden. Im Gegenteil, man wird sie betrachten wie einen Menschen mit unappetitlichen Neigungen, und der Ausruf „Daß du das magst!?" ist noch sehr zurückhaltend. Das kann sich übrigens auch auf Schweinepfoten beziehen, auf Kalbsnieren, auf Hirn, Herzragout, Blutwurst und Harzer Käse, an denen sich offensichtlich die Geschmäcker scheiden. So tief entsetzt kann der eine Mensch dem andern zuschauen, der gerade voller Genuß gebackenes Kalbshirn oder gekochte Muscheln verzehrt, daß nicht nur die gemeinsame Mahlzeit, sondern das gute Einvernehmen überhaupt gestört werden kann. Schließlich hat es keiner gern, für eine Art Kannibale gehalten zu werden, der vor nichts zurückschreckt. Das betrifft mitunter sogar die sogenannten feinsten Genüsse: Froschschenkel, Schnecken, Austern und ähnliches. Für manche ist das auch nichts anderes, als äße man Maikäfer und Regenwürmer.

Auf Schulausflügen und in Jugendherbergen gab es früher und gibt es sicher auch heute noch das schöne Spiel, daß man mit allerlei Reden und Vergleichen versucht, dem andern das Essen gründlich zu verekeln. Es gab da wahre Künstler in dem Fach, die vor allem in der Frage der Zubereitung und der Zutaten dessen, was da auf dem Tisch stand, die appetitraubendsten Ideen hatten. Dort hörte man auch die verschiedensten Theorien, woraus etwa Lakritze und Gummischlangen hergestellt würden. Trotzdem hat eigentlich immer alles geschmeckt! Wahrhaft den Appetit kann es einem aber verschlagen, wenn Menschen, die man schätzt, mit unverkennbarem Ekel äußern: „Ißt du das tatsächlich?"

Den kann ich nicht riechen

Daß sich über Geschmack nicht streiten läßt (oder doch streiten läßt – je nachdem, wie dieses Sprichwort zitiert wird –), ist eine Binsenwahrheit. Aber auch über den Geruch läßt sich streiten – oder auch nicht streiten. Riechen Sie beispielsweise Benzin gern? Dann werden Sie immer wieder auf Leute stoßen, die Ihren Geruchsgeschmack für barbarisch halten. Und auch die Frage, ob Pferdestall angenehm oder abscheulich riecht, wurde noch nie endgültig entschieden. In irgendeinem Roman, der in edlen Gutsbesitzerkreisen spielt, ist sie jedem von uns schon begegnet: die sensible Dame, die sich graust, wenn ihr Gatte nach Pferd duftend in ihre Nähe kommt – sie wird sich bald dem dichtenden Hauslehrer zuwenden, oder aber der Gatte wird mit der sportlichen, gleichfalls pferdeliebenden Tochter vom Nachbargut anbandeln, denn schließlich kann man weder immerzu baden noch immerzu ein leidendes Gesicht aushalten, noch sich mit einem Geruch abfinden, den man nicht ausstehen kann. Auch Nagellack, Hafenwasser, frische Farbe, Kümmellikör, Holzkohlenrauch und nasser Hund riechen dem einen angenehm und dem anderen gar nicht, ganz zu schweigen von bestimmten Sorten von Parfüm und Haarpomade, die ein Teil der Menschheit nur schwer erträgt, während der andere Teil sie auch noch mehr oder weniger teuer bezahlt. Es gibt da Düfte von tausend Blüten oder auch nur Rosen und Veilchen solo, die einen glatt umwerfen können, wenn einem der Sinn für die Schönheit dieser Duftschöpfungen abgeht.

Manches riecht nur gut, solange es warm ist, wie jeder weiß, der am Morgen den kalten Duft der am Abend gerauchten noch so wundervollen Zigarren aus dem Zimmer zu scheuchen versucht. Und so herrlich der Duft nach Gänsebraten vor dem Essen appetitanregend aus der Küche dringt – nach dem Essen, wenn er kalt im Treppenhaus hängt, findet man ihn eher widerlich – ganz zu schweigen von kaltem Fisch-, Kohl- oder Kartoffelpuffergeruch, der sich dazu noch ausdauernd jeder Vertreibung widersetzt. Und nichts ist deprimierender als der Gedanke, daß nach dem Gesetz der Wahrscheinlichkeit auch die eigenen Haare nach kaltem Bratfisch riechen müßten.

Manchmal stellt man fest, daß der Mensch offenbar ein unwahrscheinlich gutes Gedächtnis für Gerüche hat: Bei Lavendel denkt man unweigerlich an eine bestimmte Tante, bei Anis an einen Teddybären, über den eine Flasche Hustensaft ausgekippt war, bei Katenrauchmettwurst an eine Räucherkate in schlechten Zeiten, wo es einem nicht gelang, eine Plastiktischdecke einzutauschen, und bei verbranntem Gummi an den sonst längst vergessenen Schulfreund, der einmal einen dicken Ball ins Osterfeuer warf. Man erkennt noch nach Jahren das Rasierwasser wieder, nach dem der Zeichenlehrer roch, wenn er sich über unsere Zeichnungen beugte, obwohl man die Marke nicht weiß, und wenn man ein bestimmtes Parfüm riecht, so denkt man gleich an jenes junge Mädchen, das unserer besten Freundin ihre erste große Liebe ausspannte. Ohne diesen Duft hätte man sie längst vergessen – so aber taucht sie von Zeit zu Zeit vor uns auf – vollbusig, mit schmaler Taille und schwarzen Locken und einem lila Pullover. Ganz abgesehen davon, daß man nicht ahnt, wie es heißt – dieses Parfüm würde man sich nie kaufen.

Manchmal weiß man, daß man irgend etwas schon einmal gerochen hat und daß einen dieser Geruch an irgend etwas anderes erinnert. Nach langem Nachdenken fällt es einem vielleicht ein: Diese Mischung aus gekochter Wäsche und Weißkohl drang beständig aus dem Zimmer des Untermieters der Klavierlehrerin ... dieser Bouillongeruch nach Tütensuppe hing während des Krieges im Wartesaal des Hauptbahnhofes, durch den man raste, wenn man den Weg zum Zuge abkürzen mußte, so daß man es in Kauf nahm, die Kellner zu verärgern ... und nach Bohnerwachs und nassen Mänteln roch der Flur des Bezirksamtes, wo man sich einmal eine wichtige Bescheinigung ersitzen mußte. Andere Mischungen, wie etwa „Weihnachten" oder „Schwimmbad" oder „Turnhalle" oder „Krankenhaus", kann man natürlich sofort unterbringen, zumal man sie ja an Ort und Stelle vorfindet, aber die Gefühle, die sie in uns auslösen, sind dauerhaft über die Zeit hinaus. So erweckt die Duftmischung „Schwimmbad" in mir immer noch eine gewisse Beklemmung, weil ich als kleines Mädchen dem von mir angehimmelten Bademeister eine Zeitlang versprochen hatte, das nächste Mal ganz bestimmt vom Dreimeterbrett zu springen, wovor ich mich entsetzlich fürchtete. Dampflokomotiven dagegen rieche ich immer noch gern – erinnern sie doch an den Beginn herrlicher Kinderferien.

Ein Geruch, an dem sich bedauerlicherweise die Geister scheiden, ist übrigens Knoblauch. Und da er die fatale Eigenschaft hat, nicht nur den Speisen, sondern auch den Essern anzuhaften, verbindet er die Menschen zu gemeinsamem Genuß oder er entzweit sie dadurch, daß wortwörtlich das eintritt, was man sonst im übertragenen Sinne meint, wenn man sagt: den (die) kann ich nicht riechen!

Dieses Geräusch macht mich noch verrückt!

Die einen lieben es laut, die anderen leise; die einen genießen die völlige Stille wie eine heilsame Medizin, die anderen kriegen Beklemmungen, wenn nicht wenigstens ganz fern von irgendwoher Radiomusik erklingt; die einen lieben das Rauschen des Meeres, und die anderen können nur einschlafen, wenn absolut nichts rauscht – alle aber reagieren sauer auf ganz bestimmte Töne, die sie einfach krank machen. Das kann seine Gründe haben – wie die enervierende Spannung, die das immer wieder einsetzende nächtliche Surren einer einzelnen Mücke oder das gleichfalls sehr hartnäckige Brüllen eines unzufriedenen Babys erregt. Es kann aber auch ein Mißbehagen sein, das einfach nur durch die Scheußlichkeit eines bestimmten Geräusches hervorgerufen wird. Wer erinnert sich nicht an das gequälte Stöhnen, das in jeder Schulklasse ertönt, wenn die Kreide auf eine ganz bestimmte Art auf der Tafel quietscht! Mit dem Griffel konnte man ein fast so scheußliches Quietschen auf der kleinen eigenen Schiefertafel produzieren, wohingegen das Quietschen, das man mit dem Fensterleder auf den Scheiben verursachen kann, nur verhältnismäßig wenigen Leuten auf die Nerven geht. Das Kreischen einer Kreissäge erzeugt bei manchen Menschen eine echte Gänsehaut, während andere es einfach nicht aushalten können, zuzuhören, wie ein anderer seine Fingernägel feilt, obgleich das doch ganz bestimmt ein nur sehr leises Geräusch ist. Auch wenn man sich – was keine Dame tun sollte, aber doch jede Dame zuweilen tut – am nylonbestrumpften Bein kratzt, entsteht eine Tonschöpfung, die manche Männer in die Flucht schlägt. Überhaupt das Kratzen: mit den Fingernägeln an der Tapete (bei Kindern sehr beliebt), mit dem Stahlschwamm im Kochtopf, mit dem Finger auf dem Samtrock – alles kann für manche Leute eine echte Qual sein, so wie auch viele leiden, wenn sie hören müssen, wie jemand mit bloßer Hand eine Tischdecke glattstreicht.

In Familien, wo einer vom anderen alles zu wissen pflegt, kennt man natürlich diese Abneigungen. Schön wäre es, könnte man behaupten, daß man überall und immer aufeinander Rücksicht zu nehmen pflegt – leider aber muß gesagt werden, daß vor allem Geschwister ein höllisches Vergnügen dabei empfinden, einander mit eben diesen Geräuschen auf die Nerven zu fallen. Die Schwester, die „zufällig" nagelfeilend dem Bruder von Raum zu Raum folgt, der Bruder, der genießerisch lächelnd das Leiden der Schwester beobachtet, wenn die liebe Tante mit ihren trockenen Händen immer wieder die Plüschlehne des Sessels streichelt, und sogar der Onkel, der greulich mit seinen Fingergelenken knackt, obwohl er genau weiß, daß die Tante dies nahezu nicht ertragen kann – sie alle sind nicht allzuselten anzutreffen.

Ein besonders häufig veranstaltetes und für besonders viele Menschen unerträgliches Geräusch ist auch das Suchen einer voll und ganz zusagenden Radiostation: die Wort- und Musikfetzen, an- und abschwellend, das Fauchen, Tuten und Pfeifen, unterbrochen von wohltuender, aber sehr kurzer Stille, ist angetan, den ausgelieferten Zuhörer zum Wahnsinn zu treiben, vor allem, wenn sich der Urheber dieser mannigfaltigen Geräusche offensichtlich auf der Suche nach einem Programm befindet, das es gar nicht gibt. Mit einem Autoradio läßt sich die Wirkung noch unerhört steigern, weil es hier noch viel ausdrucksvollere Störungen und Schwankungen anzuhören gilt.

Andere Geräusche wirken durch die Vorstellungen, die sie erwecken, äußerst unangenehm: Den Straßenbohrer mag man nicht hören, weil er an böse Minuten beim Zahnarzt denken läßt, jede Art von Sirene ist einer ganzen Generation verhaßt, eine bestimmte Autohupe erinnert an einen Menschen, den man nie mehr wiedersehen möchte, das Heulen der Wölfe – obwohl nur aus dem Kino bekannt – erregt unbestimmtes Grauen, und das Signal des Unfallwagens gibt vielen Leuten immer das etwas schuldbewußte Gefühl, selbst bisher noch davongekommen zu sein. Hunde, die den Mond anbellen, Katzen, die von Frühlingsgefühlen übermannt werden, und Wellensittiche, die sich verlassen oder gelangweilt fühlen, können eine Geräuschkulisse abgeben, die den Zuhörer zermürbt, vor allem dann, wenn er den Hund-, Katzen- oder Wellensittichbesitzer ohnehin nicht ausstehen kann. Auch das meist plötzliche nächtliche oder frühmorgendliche Aufheulenlassen eines Automotors klingt viel schlimmer, wenn man den Besitzer des Vehikels sowieso als rüden Burschen verabscheut. Dann kann einen dieser Lärm ganz krank machen, genauso wie die Kindertrompete des unausstehlichen Bengels von nebenan. Junge Leute, die an enttäuschter Liebe kranken, wissen, daß es unter diesen Umständen schier unerträglich sein kann, einen ganz bestimmten Schlager zu hören. Und das sind gerade die Töne, die man in besseren Tagen gar nicht oft genug hören konnte!

Nur eine dumme kleine Angewohnheit

Ein sehr netter alter Herr, den ich gut kannte, trat den zahllosen Gästen, die seine Frau ins Haus schleppte, mit wahrer Engelsgeduld entgegen. Er brachte es fertig, höflich zu lächeln, wenn sie sich auf dem Sessel breit machten, auf dem er seit eh und je sein Nachmittagsschläfchen hielt, er lauschte aufmerksam ihren Ansichten über das Leben im allgemeinen und die ältere Generation im besonderen, und wenn er statt seiner geliebten Morgenzeitung ein paar durcheinandergeworfene Blätter vorfand, seufzte er nur verstohlen. Jedoch in einem Falle wurde er massiv und verlangte energisch die Abreise einer bestimmten Person, einer Jugendfreundin seiner Frau. Diese tat nichts Böses, sie half sogar beim Abwasch und stellte das Radio leise, wenn er ins Haus kam. Aber sie sagte jeden Abend mit neckischem Lachen zu ihm: „Schlafen Sie so wohl als auch!“, und das konnte er schließlich einfach nicht mehr ertragen.

So sind es zuweilen die dummen Redensarten anderer Leute, die uns hoffnungslos auf die Nerven gehen. Man möchte manchmal manchen warnen: „Wenn Sie noch einmal innerhalb der nächsten Minute bestens sagen, fange ich an zu schreien!“ Andere wieder geben dauernd neckische Kernsprüche aus dem Werbefernsehen von sich, die heutzutage bei manchem das klassische Zitat ersetzen (das wohl früher auch gelegentlich Leuten auf die Nerven fiel). Wieder andere singen. Nun ist es gewiß etwas sehr Schönes um den edlen Gesang, aber immerzu aus unerfindlichen Gründen anhören zu müssen, wie die Putzhilfe bei der Badezimmerreinigung Cindys Herz beklagt, das nach dem Willen des Textdichters traurig sein muß, ist auch nicht jahraus, jahrein jedermanns Sache. Und der Onkel, der fröhlich das Haus zu betreten pflegt, indem er mit hellem Tenor singt: „Grüß euch Gott, alle miteinander, alle miteinander, alle miteinander ...", findet mit den Jahren immer weniger Beifall für diesen gelungenen Scherz. Aber nicht nur mit markanten Aussprüchen und der Macht des Gesanges kann man, ohne auch nur im geringsten etwas Böses im Schilde zu führen, seinen Mitmenschen auf den Nerven herumtrampeln, es genügen oft Angewohnheiten, von denen manch einer selbst gar nichts ahnt: Er schnüffelt etwa leise vor sich hin oder saugt weniger leise an einem schadhaften Zahn, er pellt selbstvergessen seinen Sonnenbrand, biegt beim Gespräch mehrere Büroklammern in völlig neue Formen oder faltet sein Taschentuch nach Gebrauch sorgfältig wieder zusammen. So etwas macht manchmal den lieben Mitmenschen rasend, obwohl es ihn rein gar nichts angeht. Zuweilen treffen auch noch spezielle Abneigungen des einen Menschen mit Angewohnheiten des anderen zusammen. Dem einen sträuben sich die Haare vor Unbehagen, weil er es nicht ertragen kann, wenn jemand über Stoff streicht, und der andere unterstreicht beim Reden jedes wichtige Wort auf der Tischdecke. Unglücklicherweise spricht er nur wichtige Worte. Und daß manch einer eine Gänsehaut bekommt, wenn jemand Nüsse mit den Zähnen knackt, sollte auch öfter bedacht werden.

Je weniger man jemanden leiden kann, desto mehr gehen einem seine Angewohnheiten auf die Nerven. Wenn zum Beispiel die ohnehin unangenehme Kollegin bei jedem Vorbeikommen am Spiegel ihr leider sehr schönes Haar betont in den Nacken wirft, könnte man sie schon dafür ohrfeigen, während man es nachsichtig hinnimmt, wenn der nette Kollege beim Nachdenken auf die falscheste Art vor sich hin zu pfeifen pflegt. Andererseits sind es natürlich die Angewohnheiten der Menschen, die uns am allernächsten stehen, mit denen wir uns am häufigsten auseinandersetzen müssen. Diese Angewohnheiten sind ein wahrer Prüfstein für die Ehe. Wenn jemand eines schönen Tages das Gefühl hat, er kann es nun nicht mehr aushalten, Morgen für Morgen zu sehen, wie dem anderen Ei am Finger herunterläuft, oder nicht mehr hören, wie der andere tagtäglich im gleichen Ton „Auf-ste-hen …" ruft, dann ist das ein alarmierendes Zeichen. Auch das einst so beliebte „Schätzchen" oder „Häschen" kann zuerst zur Gewohnheit und dann – für den so Angesprochenen – zur lästigen Angewohnheit werden. Das leidende Gesicht, das mancher Mann zieht, wenn von fern her eine tönende frauliche Stimme „Papilein" ruft, spricht Bände. Männer hingegen können die merkwürdigsten Angewohnheiten im Zusammenhang mit Tabakwaren und Zeitungen entwickeln. Manche gequälte Frauenseele ist von einem Aufschrei nicht allzuweit entfernt, wenn sie fünf Jahre oder noch länger halbaufgeweichte Zigarettenstummel aus den Blumentöpfen geborgen hat. (Und das, trotz aller Emanzipation und obwohl überall in der Wohnung Aschenbecher stehen!) – In solchen Fällen gibt es wohl nur den einen Trost, nämlich sich einmal zu überlegen, welche schlechten Angewohnheiten der andere nicht hat. Und da wird man zum Glück noch eine ganz beachtliche Menge entdecken können.

Niemand ist's gewesen

Offensichtlicht existiert in unserem Haushalt ein böser Geist. Er ist nicht eigentlich gefährlich, er jagt einem keine Angst ein, indem er bei Mitternacht stöhnt, in der Dunkelheit durch die Räume schleicht und mit den Türen knarrt oder sonst etwas Schreckerregendes tut. Man bekommt ihn auch nie in Leichentücher gewickelt oder in rostiges Eisen gekleidet zu Gesicht – nein, so gesehen ist es eigentlich ein eher kümmerlicher Geist; aber weil er sich höchst lästig aufführt und ganz offensichtlich auch in vielen anderen Haushalten sein gespenstiges Unwesen treibt, lohnt es sich doch, einmal über ihn zu sprechen.

Obwohl ich ihn nie gesehen habe, muß er allem Anschein nach über schönes Haar verfügen, dessen Pflege er sich angedeihen läßt. Das geht eindeutig daraus hervor, daß er ständig Kämme aus dem Badezimmer verschleppt. Nun könnte dies natürlich rein theoretisch einer der Hausbewohner tun, und dies ist auch gewöhnlich die erste Annahme dessen, der gerade wieder einmal seinen Kamm vermißt. Aber merkwürdigerweise bekommt man von jedem, den man nach seinem Kamm fragt, ganz einhellig die Antwort, der Betreffende habe den Kamm weder gehabt noch benutzt, noch gesehen – man kann sogar von Glück sagen, wenn einem zugestanden wird, der Kamm habe überhaupt existiert. Und sollte sich das gesuchte Objekt auch an sehr belastender Stelle – etwa in einem bestimmten Zimmer auf dem Schreibtisch, bei Badesachen, in einer Handtasche gar oder vor einem

Spiegel, vor dem sich der Besitzer selbst nie das Haar zu richten pflegt – aufgefunden werden, so ist völlig unerklärlich, wie er da wohl hingekommen sein mag! Dies alles spricht natürlich für die Existenz des Geistes.

Er pflegt übrigens nicht nur sein Haar: er verschleppt auch Nagelscheren, Nagelbürsten und Nagellackentferner, er verbraucht das letzte Haarwaschmittel und Badesalz, er trägt Zahngläser im Hause herum, zweckentfremdet Waschlappen und schmiert die allerletzte braune Schuhcreme auf seine offensichtlich vorhandenen Schuhe. Und weil ihm dies illegale Tun wohl von Zeit zu Zeit Kopfschmerzen bereitet, nimmt er auch nach und nach die ganze Packung Kopfschmerztabletten, ohne bei der letzten Alarm zu schlagen, so daß ein Kater des Hausherrn unbehandelt bleiben muß. Von der Familie kann dies alles niemand gewesen sein, bekommt man doch auf alle diesbezüglichen Anfragen von allen stereotyp die gleiche Antwort: „Ich nicht!"

Der Geist – offenbar ein bescheidenes Wesen – hat auch die Neigung, alles zuletzt getan zu haben, da es ja sonst nie jemand gewesen sein will. Zugegeben; die Frage, wer zuletzt dies oder jenes getan hat, beinhaltet zumeist einen Vorwurf. „Wer hat zuletzt die Badewanne benutzt...", „... auf dem Liegestuhl gelegen...", „die Kellertür aufgeschlossen", „... die Bratpfanne gebraucht..." bedeutet, daß irgendetwas nicht saubergemacht, weggeräumt oder abgeschlossen ist. Zunächst einmal waren es also garantiert alle nicht. Es soll sogar vorgekommen sein, daß schon nach den Worten „Wer hat zuletzt..." ein allgemeines „Ich nicht!" erklang, ohne daß abgewartet wurde, worum es überhaupt in diesem Falle ging. So muß man auch hier wohl manches dem Geist zu Last legen, zu dessen Eigenart es dem Anschein nach bei uns und in vielen anderen Haushalten gehört, daß er leidenschaftlich gern Schlüssel, Schraubenzieher und Hämmer zuletzt braucht. Wenn er sich in einer ganz besonders bösartigen Phase seiner Existenz befindet, verbraucht er sie offenbar völlig oder – um sich in der ihm gemäßen Art auszudrücken – entmaterialisiert sie. Denn nach seiner letzten Benutzung (jemand anders kann es ja nicht gewesen sein) tauchen diese notwendigen Gegenstände nie und nimmermehr auf.

Ich weiß nicht recht, ob ihm manchmal etwas zu Bruch geht. Die erstaunte Hausfrau, die jedenfalls einmal für viele Gäste ihr gesamtes Geschirr braucht, muß feststellen, daß zwei Glasteller, ein Rotweinglas, ein Sektkelch und das Röschen vom Knopf der allerbesten Zuckerdose verschwunden sind, und – glauben Sie nur – niemandem, ganz gewiß niemandem, auch nicht der hilfreichen Dame, die man im Hause beschäftigt, ist etwas kaputtgegangen! Sonst hätten sie doch selbstverständlich sofort etwas gesagt. Manchmal übrigens arbeitet der Geist auch nicht so plump, daß er zerbrochene Sachen einfach verschwinden läßt. Nein, die große Puddingschüssel, das gute Erbstück, hat er sorgfältig in ihre Bestandteile zusammengesetzt in der hinteren Ecke des Geschirrschrankes aufgebaut, so daß sie erst dem Benutzer in drei Stücke auseinanderfallen mußte! Und die Meißener Kaffeekanne verlor erst ihre Schnauze, als man sie von der Wand abrückte. Natürlich war's niemand gewesen.

Aus all diesem geht klar hervor, daß wirklich der oben beschriebene Geist existieren muß. Zur Abrundung des Bildes sei noch gesagt, daß er Pralinées und Zigaretten auf höchst ungeistige Art keineswegs verschmäht.

Geduld, Geduld!

An Kindergeburtstagen sind seit eh und je kleine runde Gegenstände zu gewinnen, die auf der einen Seite als Spiegel zu benutzen sind und auf der anderen Seite, unter Glas, zwei Mäuse mit passenden Fallen, einen Jongleur mit diversen Bällen oder ähnliche Dinge zeigen. Es gilt nun, die Mäuse in die Fallen (und zwar die weiße in die weiße und die graue in die graue Falle) und die Bälle in die dafür eigens angebrachten Löcher rund um den Jongleur zu lenken. Das Ganze nennt man Geduldspiel. Aber die Nachfrage nach Geduldspielen ist offenbar von jeher gering gewesen, denn diese Gewinne werden nur mit etwas gedämpftem Jubel aufgenommen, und bei freier Auswahl bleiben sie immer liegen. Später führen sie dann meist ein unbeobachtetes Dasein in Schubladen und Spielkisten und kommen höchstens in ganz besonders langweiligen Schulstunden einmal zu Ehre und Ansehen. Geduld ist eben nicht sehr gefragt und wird nicht besonders gern ausgeübt. Wenn man von irgend jemandem hört, daß er ein geduldiger Mensch sei, stellt man sich insgeheim immer eine Art Trottel vor, dem man ungestraft die Butter vom Brot nehmen kann. Dabei kann Geduld eine so wertvolle Eigenschaft sein, beispielsweise, wenn man es mit lieben Menschen zu tun hat, die dazu neigen, ausführlich und langatmig von Menschen und Dingen zu berichten, die kein Lebewesen auf der Welt außer sie selbst auch nur im geringsten interessieren können. Oder wenn man, freundlich lächelnd, die Antwort auf die Frage an einen Einheimischen abwartet, wie man am besten zur Bismarckstraße gelangt, und er erst mal anhebt, einem klarzumachen, wie man nicht dorthin gelangt. Oder wenn man etwas Eiliges zu nähen hat, und der Faden macht aus unerfindlichen Gründen immer eigenmächtige Schlingen und Knoten. Auch bei nicht steif werdender Schlagsahne, Besuch von lieben Kinderchen, Erledigungen auf dem Paßamt, beim Hausbau und beim Erziehen von jungen Hunden benötigt man dringend eine größere Portion Geduld. Kurzum, vielleicht wäre es besser gewesen, man hätte jenen Kindergeburstagsgewinn höher geschätzt und schon in früher Jugend emsig an weißen und grauen Mäusen für das spätere Leben geübt. Manchmal kann ein Mangel auf diesem Gebiet entsetzliche Auswirkungen haben. Was geschieht etwa, wenn man seiner Putzfrau beim zwölften Male nicht mehr verbindlich lächelnd sagt, daß „wir" auch mal die Türen abledern müssen, sondern die Stimme dabei erhebt? Sie bekommt die Grippe, oder ihr Mann will es nicht mehr haben, oder ihr Rheuma läßt es nicht mehr zu – auf jeden Fall schaut sie sich nach einer anderen Putzgelegenheit um. Oder wenn man den umständlichen Erklärungen des Verkehrsschutzmannes über den Unterschied zwischen Vorfahrtszeichen und Haltezeichen (den man natürlich haargenau kennt) nicht ergriffen lauscht, dann fragt er vielleicht nach dem Führerschein, den man zufällig in der anderen Handtasche zu Hause hat, und man muß sein Auto verlassen und das Dokument auf die umständlichstc Weise holen gehn und irgendwo vorlegen. Und wenn man der bösen Nachbarin, die seit Jahr und Tag auf die übelste Art vermittels ihres Radios, ihrer Kinder, ihres Hundes und ihres Gesanges mit Klavierbegleitung auf unseren Nerven herumtrampelt, endlich einmal die längst schon fällige Wahrheit unvorsichtigerweise auch noch vor Zeugen sagt, so verschafft man ihr noch den Triumph einer gewonnenen Beleidigungsklage. Am allerdringendsten aber braucht man Geduld im Umgang mit den Menschen, die einem am nächsten stehen. In der Ehe etwa muß man die Fähigkeit entwickeln, auch noch nach sieben Jahren die Frage „Wo ist der Korkenzieher?“ freundlich zu beantworten, obgleich einen manchmal der ungeduldige Gedanke beschleicht, ob nicht auch ein vielbeschäftigtes Männerhirn im Laufe der Jahre sich merken könnte, daß es seit Gründung der Ehe die Küchenschrankschublade ist, die Korkenzieher, Küchenmesser und andere gefragte Gegenstände beherbergt. Aber man muß sich vor Augen halten, daß in diesem und in anderen Fällen eine freundliche Antwort viel zeitsparender und einfacher ist als eine Explosion. Wenn es doch nur immer so wäre! Leider aber gibt es gerade im Familienleben Geduldsproben, die sehr anstrengend und zeitraubend sind: Bilderlottospielen mit einem Dreijährigen, Krankenpflege eines Ehemannes, Teenagerliebesgeschichten, Schwestern für Parties frisieren, Ansehen von Familienfotos und Anhören von Geschichten aus der Militärzeit.

Übrigens – hin und wieder muß man natürlich doch explodieren, schon damit man nicht schließlich tatsächlich für einen gutmütigen Trottel gehalten wird. Und die Kaffeetasse, die mein Vater dereinst zornig meinetwegen am Frühstückstisch zerschmetterte, hat dann doch mehr gewirkt als all die geduldigen Ermahnungen, wegen deren Fruchtlosigkeit er schließlich die Tasse zerschmetterte. Aber er knotet heute noch jeden Bindfaden auf und wikkelt ihn zu einem ordentlichen Röllchen. Und das tun wiederum nur geduldige Menschen.

Lesen und lesen lassen

Zu den echten Freuden des Lebens gehören zweifellos die Stunden, die man von einem Buch gefesselt auf der Couch oder auf einem sonnenbestrahlten Liegestuhl verbringt. Wenn man dazu noch eine Schachtel Konfekt oder einen Teller Kirschen in unmittelbarer Nähe stehen hat und davon (ganz vertieft in die Leiden und Freuden der Leute aus dem Buch) eine Unmenge verzehrt; wenn man außerdem ganz ohne Reue – denn man ist ja von den eigenen Sünden durch wildfremde angenehm abgelenkt – eine Zigarette nach der anderen raucht, so kann man ganz sicher das Leben ertragen. Schade nur, daß ein in seine Lektüre selig vertiefter Mensch auf alle Menschen ohne Lektüre so aufreizend wirken muß: man wird mit tödlicher Sicherheit gestört. Früher geschah das durch unangenehme Fragen nach Schularbeiten, Blumengießen, Geschirrabwaschen und Einkaufengehen. Heute ist man höflicher zu uns. Nach freundlichen Beteuerungen, wie ungern man stört, werden wir vor schier unlösliche Probleme gestellt. Wir sollen etwa auf Anhieb den Ort angeben, wo sich der zweitkleinste Schraubenzieher oder das Taschentuch mit dem dunkelblauen Rand befindet („... du brauchst es ja nur eben zu sagen, ich hole es dann schon selbst ...“), oder wir sollen nur mal ganz schnell feststellen, ob das grüne Kleid links nicht etwas kürzer ist, und wenn ja, eben eine einzige Stecknadel hinstecken. Natürlich ist der Lese-Faden, nachdem man die Nadel eingesteckt hat, verloren, und man muß den schwierigen Dialog zwischen Elizabeth und Darcy noch einmal beginnen, da sonst nie ganz klar wird, womit sie ihn eigentlich so schrecklich gekränkt hat.

Viele sonst sehr nette Leute sind der Ansicht, daß der lesende Mensch nach nichts so brennendes Verlangen trüge wie nach einer Unterhaltung mit ihnen. Bereitwillig und freundlich ziehen sie sich also einen zweiten Liegestuhl neben den, in dem gerade Doktor Schiwagos nicht immer leicht zu fassender Entwicklungsweg verfolgt wird, und beginnen zu plaudern. Jeder Mensch hat einige wenige ihm nahestehende Mitmenschen, zu denen er freimütig sagen kann: „Halte den Mund, ich will lesen!“ – aber leider sind die Leute, zu denen er das nicht sagen kann, weit in der Überzahl. So befindet man sich oft in der Situation, wo man sich Mühe gibt, kurz, zutreffend und außerdem noch höflich zu antworten, und dabei dennoch weiterzulesen. Bei dieser Methode macht man jedoch garantiert bald die entmutigende Entdeckung, daß man bereits zum drittenmal die gleiche halbe Seite liest und noch immer nicht weiß, was dort eigentlich steht. Man resigniert, legt das Buch weg und geht auf die Unterhaltung mit dem lieben Mitmenschen ein. Nur so ist es zu erklären, daß viele von denen, die Doktor Schiwago seit Jahren besitzen, ihn noch immer nicht beendet haben. Jungen Frauen und solchen, die es werden wollen, sei in diesem Zusammenhang der Tip gegeben, daß – so unglaublich es vielleicht klingt – liebende Männer, wenn sie gerade lesen, nicht immer für trauliche Unterhaltung, ja, noch nicht einmal für Zärtlichkeiten zugänglich sind. Es gibt Augenblicke, wo sie ein ungestörtes Tête-à-tête mit der Tageszeitung, mit den Memoiren eines längstverblichenen Politikers oder mit Kommissar Maigret jeglichem anderen vorziehen. Und alle ihre Schwüre, daß wir mit unseren Sorgen ein Leben lang jederzeit zu ihnen kommen können, erweisen sich angesichts der Konkurrenz von ein paar Seiten bedruckten Papiers als völlig haltlos.

Bücher vermögen einen nicht nur zu fesseln, sondern auch in die verschiedensten Stimmungen zu versetzen.

Wenn wir soeben einen tragischen, aber erhebenden Tod mitgestorben sind, ist es schwer, gleich hinterher den Anforderungen des Alltags nachzukommen und Bratkartoffeln zu bereiten. Wir empfinden sogar einen leisen Groll gegen jene, die, obwohl es soviel erhabenes Leid auf der Welt gibt, dennoch nach Bratkartoffeln verlangen. Andererseits stimmt es uns froh und dankbar, wenn Held und Heldin sich nach einer Fülle von Verwicklungen schließlich vereint in die Arme sinken. In dieser Beziehung werden wir von den modernen Dichtern leider überhaupt nicht verwöhnt. Ich argwöhne fast, daß es in modernen Dichterkreisen für äußerst unfein gilt, sich einen auch nur einigermaßen sympathischen jungen Mann auszudenken, der mit einem gleichfalls sympathischen jungen Mädchen glücklich wird. Früher waren die Dichter in diesem Punkt nicht so heikel, und berühmt geworden sind sie darum doch. Aber selbst ohne Happy-End: einen einzigen Menschen möchte der harmlose Leser doch in jedem Buch finden, an den er sein Herz ein bißchen hängen kann, mit dem er im Unglück bangt, mit dem er das Glück genießt und dessen menschliche Schwächen er versteht und von ganzem Herzen verzeiht.

Und wenn man gerade erlebt, wie dieser liebenswerte Mensch im Begriffe steht, den entscheidenden Fehler zu begehen, jenen Fehler, der unweigerlich sein ganzes Leben aus der Bahn werfen kann – ja, kann man ihn dann wirklich ohne Protest in dieser entscheidenden Stunde allein lassen, um, ausgerechnet, nach dem zweitkleinsten Schraubenzieher zu suchen?

Fortsetzung folgt!

Der erste Fortsetzungsroman, an den ich mich erinnern kann, handelte von einer jungen schönen Dame. Nun sind die meisten Damen in Fortsetzungsromanen jung, und alle sind schön (und wenn sie es nicht gleich am Anfang der Geschichte sind, werden sie es vor Schluß – entweder durch die Liebe oder durch eine kosmetische Operation), mit dieser aber hatte es außerdem eine eigene Bewandtnis: plötzlich, in Marseille, behauptete ihre Kammerzofe, sie sei sie. Und da die Polizei von Marseille der Kammerzofe mehr glaubte als der bedauernswerten echten schönen jungen Dame, mußte diese nun als Kammerzofe ihrer bisherigen Kammerzofe dienen, die sich natürlich sofort fröhlich der Bankkonten bediente. Aber die Strafe folgte bald in Gestalt einer ganz richtig bösen Betrügerin mit noch böseren Hintermännern, die nun ihrerseits behauptete, sie sei es. Und wieder wollte die Polizei nur dadurch Ordnung schaffen, indem sie die Opfer ins Irrenhaus zu stecken drohte. Wer weiß, ob nicht Kammerzofe und schöne junge Dame tot im Hafenbecken von Marseille herumgeschwommen hätten und die böse Betrügerin heute noch fröhlich von den üppigen Konten lebte, wenn nicht ein blonder deutscher Seeoffizier mit stahlhartem Blick aufgetaucht wäre! Sie müssen zugeben, daß diese sehr spannungsgeladene Handlung verständlich macht, daß es damals jeden Nachmittag ein Wettrennen zum Briefkasten gab und daß meine Schwester sogar in irregeleiteter Besorgnis um das Schicksal jener armen Person mir einmal jenen Teil der Zeitung um die Ohren schlug, in dem der Roman nicht stand.

Seitdem habe ich manchen Fortsetzungsroman verschlungen und an manchem Schicksal teilgenommen, und wenn ich auch manchmal finde, daß es ganz sicher wertvollere Lektüre gibt, so lese ich mich doch immer wieder fest und kaufe manchmal nur deswegen ein bestimmtes Exemplar von Zeitung oder Zeitschrift, weil ich doch zu gern wissen möchte, ob das meergrüne Kleid, daß sich Maria eigens angeschafft hat, um ihren Mann aus den Klauen von Lilo zurückzugewinnen, zum Erfolge führt und ob der Schlawiner Bodo durch das erschütternde Erlebnis mit Yvonne zum verantwortungsbewußten Manne heranreift. Er hatte so eine Art, die Zigarette im Mundwinkel hängen zu lassen, die einem gar nicht gefallen wollte.

Für manche Dinge bekommt der geübte Fortsetzungsromanleser nämlich einen sicheren Blick: die Männer mit den Zigaretten im Mundwinkel pflegen Mädchen mit Kindern sitzenzulassen, desgleichen die mit dem eitlen Lächeln. Im Leben haben zwar die nettesten und liebsten Männer zuweilen ein eitles Lächeln, im Roman aber nur ausgesprochen windige Casanovas. Vorsicht ist auch geboten vor allen Männern mit slawisch klingenden Namen: Aus irgendeinem merkwürdigen Vorurteil heraus bedenken nämlich die Fortsetzungsromanautoren damit die Schurken. Professoren – wie passend – heißen gewöhnlich lateinisch. Die entscheidende Operation des großen Professors gelingt übrigens immer. Sie brauchen sich da keine unnötige Sorge zu machen! Wenn ihm schon einmal etwas nicht gelingt und er erschüttert an der Bahre steht, so handelt es sich sicher nicht um eine der beiden Hauptpersonen. Wenn die etwas Tödliches haben, werden sie gerettet oder aber die Krankenblätter waren nur vertauscht. Dagegen kann man jeden Vater, väterlichen Freund, Direktor oder alternden, ungeliebten, aber gütigen Ehemann, der erschöpft auf den Sessel sinkt, sich zum Herzen greift, lästige Stiche verspürt oder graue Lippen bekommt, gleich abschreiben: er steht es nicht bis zum Schluß durch. Mädchen, die ohnmächtig werden, kriegen garantiert ein Kind, und betrunkene Männer geraten in eine Schlägerei. Als geübter Fortsetzungsromanleser sieht man es förmlich auf sie zukommen und möchte „Halt!“ rufen. Aber die Ärmsten wissen nicht, was ihnen bevorsteht. Sonst würden sie auch nicht immer aus den fadenscheinigsten Gründen die Polizei belügen. Jedermann hat doch in einer Unmenge von Fortsetzungsromanen gelesen, daß sie gerade dadurch in den schlimmsten Verdacht geraten und oft bis zum Schluß zu strampeln haben, um davon freizukommen. Und auch jene sündigen Liebespaare, die da meinen, verschwiegene ungestrafte Wochenende verleben zu können, müssen bombensicher damit rechnen, daß doch alles herauskommt und daß Thomas bittere Augenblicke bevorstehen, wenn er an Stefanies leidgeprüften Augen sieht, daß sie die Sache mit dem Jagdhäuschen in den Bergen herausbekommen hat.

Aber man will es wissen: morgen oder in einer Woche oder in vierzehn Tagen – wie Thomas sich herauswindet, wie der große Konzern oder die kleine Studentenehe gerettet wird. Man will wissen, wer als Mörder im sonst gutgeführten Anglerhotel herumschleicht und wie der Heiratsschwindler namens Egon auffliegt. Und die ulkige Geschichte um die große Familie will man auch bis zum Schluß miterleben. Und so trifft man sie in regelmäßigen Abständen wieder – die Jungen und Schönen, die Bösen, die Intriganten, die guten Mütter und strengen Väter, die ehrlichen Werkmeister und die undurchsichtigen Barbesitzer, den Professor und seinen Stab, den Generaldirektor und seine vom Leben nicht ausgefüllte Sekretärin, den Rennfahrer und das patente junge Mädchen auf eigenen Füßen. Man begleitet sie treulich auf ihren höchst verschlungenen Schicksalspfaden, bis es schon wieder heißt: Fortsetzung folgt!

Der Schreibtisch wird aufgeräumt!

Manche Leute haben immer einen aufgeräumten Schreibtisch, auf dem nichts liegt außer einer Federschale mit frischgespitzten Bleistiften und einer Schreibunterlage mit peinlich sauberem Löschblatt. Ich weiß nicht, wie man zu so einem Schreibtisch kommt. Meiner jedenfalls hat völlig andere Eigenschaften. Er besitzt eine geradezu magische Anziehungskraft für alles, was sonst keinen Platz im Zimmer findet: Bücher, Zeitschriften, Schnittmuster, angebrochene Pralinenschachteln, benutzte Aschenbecher – jeder legt alles auf meinen Schreibtisch, ich selbst natürlich auch. Außerdem haben noch eine Menge Dinge vom Tintenfaß über die Sparbüchse und das Blumenväschen bis zu den Elfenbeintieren und den Büroklammern dort ihren rechtmäßigen Platz. Unter diesen Umständen ist es nur zu begrüßen, daß mein Schreibtisch ein Sekretär ist, dem man nach Bedarf, und wenn kritischer Besuch kommt, die Klappe zu schließen vermag, hinter der dann auch noch alle anderen, die Harmonie des Zimmers störenden Gegenstände verschwinden können.

Aber von Zeit zu Zeit, wenn nicht einmal mehr die unbezahlte Telefonrechnung auszugraben ist, die einem sonst bekanntlich immer gerade ins Auge fällt, wenn man ganz andere Dinge sucht, naht der Moment, wo aufgeräumt werden muß. Jedes Aufräumen beginnt, wie jedermann weiß, damit, daß man zuerst einmal alles ausräumt, wodurch die Unordnung ein geradezu gigantisches Ausmaß annimmt, da man den Inhalt systematisch so verteilt, wie man ihn später einräumen will. Alle Akten kommen auf den Teppich, daneben die gesammelten Blätter des Kunstkalenders, die unbeantworteten Briefe legt man oben auf den Sekretär, und auf die Stühle werden die pietätvoll aufgehobenen alten Briefe und Andenken verteilt; unbenutztes Schreibpapier ziert die Anrichte, und die Fotos legt man vorerst hinter sich in den Schreibtischsessel. Übrig bleibt wieder die Briefwaage des Schwiegervaters (die man ehrfurchtsvoll seit Jahr und Tag aus- und einräumt, aber nie benutzt, da sicher jemand anders aus der Familie in seinem Bereich genauso pietätvoll die dazugehörigen Gewichtssteine aus- und einräumt), die Wasserwaage und das Patiencespiel ohne Pikbuben, bei dem man ganz sicher ist, daß der Pikbube wieder auftauchen wird, sobald das Spiel der Müllabfuhr übergeben worden ist. In diesem ganzen Wirrwarr sitzt man selbst, selig vertieft in einen Stapel alter Briefe, die man gewissenhaft liest, um endlich einmal den alten Kram auszusortieren.

Ich habe die Erfahrung gemacht, daß man diese Reliquien, wenn sie ein gewisses Alter erreicht haben, nur noch entweder wegwerfen oder lesen kann, beides zusammen gelingt einem erfahrungsgemäß nie. Noch nicht einmal die Speisefolge einer vor sieben Jahren stattgefundenen Hochzeit wandert in den Papierkorb. Hat man sie schon so lange aufgehoben ... Und wie sollte man es gar fertigbringen, den Stapel Briefe mit dem grünen Bändchen, von denen man jeden einzelnen mit Herzklopfen erwartet hat, in den Papierkorb zu befördern? Oder jenen Bericht der besten Freundin, in dem sie über tausend Kilometer mitteilte, sie habe da jetzt einen kennengelernt, der geradezu unwahrscheinlich gut küsse – wo doch dieser Nämliche heute ihr uns sehr gut bekannter angetrauter Gatte ist? Wie könnte man die herrliche grünschillernde Kitschkarte vernichten, auf der eine üppige Lorelei mit einer Fülle prächtiger Locken auf ihrem Felsen sitzt und dem versinkenden Fischer nachschaut, der nur noch mit Haaren und Ohren aus dem Wasser herausragt? Oder den

Umschlag mit den schon etwas zerbröckelten drei Glückskleeblättern – wäre es nicht geradezu eine Herausforderung an das Schicksal, wenn man ihn, mir nichts, dir nichts, leichtfertig wegwürfe?

Wenn auch der eigentliche Zweck des sorgfältigen Sortierens kaum erfüllt wird, weil fast nichts in den Papierkorb wandert, so erfüllt einen doch diese Beschäftigung mit reiner Freude. Es ist so hübsch, festzustellen, wie rasend man geliebt wurde, man genießt feurige alte Lobpreisungen der eigenen Person, man lächelt über gehabte Schmerzen und lacht über uralte Albernheiten. Und wenn man den Durchschlag des Briefes findet, den man vor zwei Jahren in einem Anfall kalter Wut an Herrn Z. schrieb, so genießt man die eigene Formulierungskunst und die feinsinnige Ironie, mit der man ihn beleidigte und ist ganz stolz auf sich selbst. Außerdem werden große Entschlüsse gefaßt: dies oder jenes soll endlich beantwortet werden, die netten alten Freunde sollen in den nächsten Tagen den längst beabsichtigten ausführlichen Brief kriegen. Ja, es hat wirklich etwas für sich, sich endlich einmal zusammenzunehmen und gründlich aufzuräumen!

Wenn nur nicht die Zeit beim gründlichen Aussortieren so schnell dahinflöge! Während man so inmitten eines Wustes von allerlei Papieren sitzt und studiert, kommt plötzlich jemand heim und erhebt Anspruch auf ein gepflegtes Mittagessen. Wie gut, daß man ihm in diesem Augenblick gleich ein Dokument in seiner eigenen männlichen Handschrift vorweisen kann, in dem er außer vielen anderen hübschen und schmeichelhaften Gedanken auch der Freude darüber Ausdruck verleiht, keine perfekte Hausfrau zur Frau zu bekommen, denn solche Frauen (um Himmels willen!) machen ihm Angst. Na, vor der Angst haben wir ihn treu bewahrt!

Ordnung spart dir Zeit und Müh...

Neulich sah ich im Heim einer großen Familie eine Schere, die an der Kette lag. Es war ein mittelgroßes Exemplar, wie es zu allem möglichen nutzbar zu machen ist, und es war vermittels einer langen, dünnen Kette an der Nähtischschublade angeschlossen. Diese Maßnahme erschien mir äußerst weise, gibt es doch kaum etwas, nach dem seit eh und jeh so viel gesucht werden muß wie nach Scheren. Es soll ja Leute geben, die eine Schere, die sie zum Basteln, zum Papierschneiden, zum Büchsenöffnen, zum Reparieren oder zum Puppenkleidernähen und Stoffhundetrimmen gebraucht haben, wieder an Ort und Stelle bringen; aber diese Leute sind dem Vernehmen nach äußerst selten anzutreffen, und ich bin ganz sicher nicht von ihnen umgeben. So verwende ich also auf die Wiederbeschaffung verlegter Scheren, (wohlgemerkt: nicht nur von anderen verlegt!) viel Mühe und Zeit, die ich angenehmer und nützlicher zubringen könnte. Auch andere Gegenstände haben die Eigenschaft, besonders gern zu verschwinden: Radiergummis beispielsweise, betriebsfähige Kugelschreiber (nicht betriebsfähige hingegen findet man am laufenden Band), Nähnadeln, Nagelreiniger, Geldtäschchen und vor allen Dingen Taschentücher. Es wäre wirklich einmal eine Aufgabe für die Forschung, herauszufinden, wo eigentlich die Millionen Taschentücher bleiben, die die Menschheit täglich verliert. Der Teil von ihnen, der sich, zum Fensterputzlappen degradiert, in den Handschuhkästen der Autos wiederfindet, ist ja schließlich nur ziemlich gering und beschränkt sich vor allem auf die besonders guten Exemplare, die mit den handgerollten Säumen. Es gibt sicher härtere Prüfungen des Schicksals als die Suche nach einem verlorenen Gegenstand. Trotzdem kann einen bei diesem Tun, wenn es über längere Zeit ausgedehnt ist und sich dazu noch als vergeblich erweist, abgrundtiefe Verzweiflung überkommen. Die Fahndung etwa nach dem Schein für die chemische Reinigung, von der man ein dringend benötigtes Kleidungsstück abholen will, kann schon nervtötend sein. Es gibt so unendlich viele Orte, an denen solche Scheine sich aufhalten können: Mantel-, Hosen-, Jackentaschen, Portemonnaies, Handtaschen, Schreibtischfächer, Küchenschrankschubladen, die Dose mit der Aufschrift „Sago“ und den Ständer für Briefe. Am besten gestaltet man eine solche Suche systematisch nach dem Schema: zuerst nachsehen, wo der gesuchte Gegenstand sein kann, und dann nachsehen, wo er bestimmt nicht sein kann. Für ordentliche Menschen hingegen gibt es nur einen einzigen Ort, wo der Schein für die chemische Reinigung hingehört, und da ist er dann. Ordentliche Menschen sparen also wirklich eine Menge Zeit, die sie dann nutzbringend darauf verwenden können, Ordnung zu halten.

Unordentliche Menschen brauchen obendrein ein fabelhaftes Gedächtnis. Ich kannte einmal einen Feuilletonredakteur, dessen Schreibtisch eingesandte Manuskripte in gleichmäßiger Höhe von etwa zehn Zentimetern bedeckten. Brauchte er eins davon, so begann er nach einem kleinen Augenblick des Nachdenkens an einer bestimmten Stelle in die Tiefe zu graben und hielt nach kürzester Frist das Gewünschte triumphierend in der Hand. Weniger Geniale dagegen sollten lieber von Zeit zu Zeit aufräumen. Allerdings kann sich nach einem gründlichen Generalaufräumen die neue Ordnung zunächst als so ungewohnt herausstellen, daß man nun erst recht nichts mehr findet. Wenn man monatelang Heftzwecken und Stecknadeln mit Sicherheit in der großen hölzernen Federschale auf dem

Schreibtisch fand, ist es zunächst sehr schwierig, sich darauf zu besinnen, wo man sie nach der neuen Ordnung im Handwerkskasten beziehungsweise Nähtischchen antrifft. Aber das Ordnungmachen hat den nicht zu unterschätzenden Vorteil, daß man dabei die merkwürdigsten Dinge wiederfindet: einen sorgfältig weggelegten Kostümknopf etwa, um dessentwillen man sieben neue kaufen mußte; einen Gürtel vom zweitbesten Sommerkleid, den man vor der Wäsche vom Kleid nahm; die Anzahlungsbescheinigung für ein zauberhaftes Tablett; ein vollgeklebtes Rabattmärkchenheft; und nicht zuletzt in den verschiedensten Taschen, Dosen und Schubladen die Gesamtsumme von acht Mark neunundvierzig sowie sechzehn Schillinge und einen neuen Franc.

Manche unordentliche Menschen haben überhaupt keinen Sinn für Ordnung, aber das sind die wenigsten. Weitaus häufiger ist der Typ, der zwar Ordnung liebt und schätzt und unter Unordnung leidet, aber doch nur kümmerlich imstande ist, seine Ideale zu verwirklichen. Wie oft denkt solch ein Mensch, wenn er im Begriff ist, etwas am falschen Ort zu deponieren, vorausschauend: „Ich muß mir unbedingt merken, daß ich es hierhin gelegt habe.“ Leider aber erinnert sich der unordentliche Mensch später nur noch daran, daß er das Betreffende an einem Ort deponiert hatte, den er sich unbedingt merken mußte, und es ist ihm leider völlig entfallen an welchem.

Um übrigens auf die anfangs erwähnte angekettete Schere zurückzukommen, so soll man sie schon einmal nebst der Schublade, mit der sie unlöslich verbunden war, im Keller angetroffen haben, wo sie sehr zweckentfremdet zum Schneiden von Wellpappe eingesetzt war. Es ist eben nichts vollkommen auf dieser Welt!

Das hab ich doch eben noch gehabt!

Ob sich wohl die Menschen, die unter Einsamkeit leiden, in ihren weniger sonnigen Augenblicken auch einmal die Vorteile ihres Zuhauses vergegenwärtigen? Ob sie sich vielleicht einmal sagen: wenn ich auch keine mitfühlende Seele mein eigen nennen kann, die mit mir Freud und Leid teilt, so muß ich doch auch wenigstens mit niemandem meine Nagelschere teilen und meinen Kamm? Keiner braucht meine Briefmarken auf und verschleppt meinen Nagellackentferner, niemand trägt meine Strümpfe und nimmt meine Sonnenbrille mit auf die Reise, und niemand holt die Zeitung, die ich gerade las, ins Badezimmer; und wenn ich Marzipanpralinen in die Bonbonniere fülle, dann werden sie ganz gewiß noch dort sein, wenn ich auf sie Appetit verspüre. Der einsame Mensch spart so sicherlich eine Menge Zeit, die der nicht Einsame auf der ständigen Suche nach seinen Gebrauchsgegenständen verschwendet, und eine ganze Menge Ärger erspart er sich auch. Und ist es etwa nicht verbitternd, wenn auf den Hilferuf eines verzweifelt Suchenden: „Wer hat meine Pinzette?“ es nur aus jeder Ecke des Hauses widerhallt: „Ich nicht!“?

Zugegebenerweise haben unsere lieben Mitmenschen manchmal – allerdings nur ganz manchmal – in solchen Fällen recht, denn leider verlegen wir zuweilen unsere Sachen auch höchstpersönlich. Man denke nur an die Dinge, für die kein anderer in der Umgebung Verwendung hat, wie Lesebrillen, Magentabletten, die Brötchenrechnung, den Briefumschlag mit der Ferienadresse und das

Stopfgarn für den hummerroten Pullover. Eben haben wir diese im Augenblick ganz dringend benötigten Requisiten noch gehabt – und jetzt sind sie plötzlich wie vom Erdboden verschwunden! Und wenn es nicht gerade heute war, so war es neulich: Unvermutet fand man die von der Pulloverfirma zuvorkommend gelieferte und lange vermißte Stopfwolle in dem Kasten, in dem die Cremeprobetuben aufbewahrt werden, und man sagte sich: kein Wunder, daß man sie hier nicht gefunden hat, und tat sie an einen Ort, wo man sie bestimmt in den nächsten Tagen ganz leicht finden würde. Wo aber – um Himmels willen! – ist dieser Ort? In solchen Augenblicken hat man das unheimliche Gefühl, daß es mit den eigenen geistigen Fähigkeiten nicht sehr weit her sein kann. Man entdeckt auch, daß man ganz offensichtlich wie ein Schlafwandler Handlungen unternimmt, die man selbst gar nicht bemerkt. Beispielsweise saß man am Schreibtisch und klebte ein Päckchen zu, als es klingelte. Der Wäschemann steht an der Tür und bringt die Wäsche. Man nimmt ihm alles ab und entlohnt ihn. Aber wenn man dann zurück zum Schreibtisch kommt, um das Päckchen versandfertig zu machen, ist der Klebstoff, der doch eigentlich rechts in der Federschale liegen müßte, verschwunden. Nach langem Suchen findet man ihn im Schlafzimmer auf der Kommode und folgert als geübter Kriminalfilmbetrachter, daß man ihn dort niedergelegt haben muß, als man in der Schublade das Innere des Abendtäschchens nach Kleingeld für den Wäschemann absuchte; aber wieso man den Klebstoff eigentlich dorthin mitnahm, bleibt ganz und gar schleierhaft! Je mehr man in Eile ist, desto mehr neigen Gegenstände, die man doch gerade eben noch gehabt hat, dazu, zu verschwinden. Das weiß jeder, der im eiligen Aufbruch gleichzeitig Autopapiere, Handtasche, Geld, Scheckbuch, einen Reparaturschein und einen Musterknopf bereitlegte. Jedes einzelne Teil hat ganz offensichtlich das Bestreben, mit den anderen nicht zusammenzukommen, und dabei hat man sie doch alle irgendwo bereitgelegt. Es ist richtig quälend, wenn der eben gerade aufgefundene Reparaturschein einfach nicht da anzutreffen ist, wo man ihn ganz sicher höchstens drei Minuten zuvor hingelegt hat. Und die Tatsache, daß man ihn die ganze Zeit mit den Handschuhen zusammen in der linken Hand gehalten hat, verwirrt einen schließlich vollständig. Aber auch der Wunsch, jemandem etwas zu zeigen, läßt manchmal die Dinge von der Bildfläche ins Nichts verschwinden: den Brief, den man morgens noch zur Hand hatte, das Bild in der Illustrierten, das man so bemerkenswert fand, das Foto, das man extra zur Seite gelegt hatte – wo sind sie im entscheidenden Augenblick? Auf jeden Fall nicht dort, wo man sie ganz bestimmt vermutete.

Manchmal geschehen auch Dinge, die einen fast an übersinnliche Vorgänge glauben lassen: Gegenstände, die seit eh und je einen ganz festen Platz haben, auf denen man sie viele, viele Male auf der Suche nach anderen Gegenständen anzutreffen pflegte, scheinen sich plötzlich in Luft aufgelöst zu haben. Immer etwa stieß man bei der Fahndung nach allen möglichen Dokumenten auf die scheußlich bonbonfarbenen Impfscheine in der mittleren rechten Schublade des Sekretärs. Aber als man sie endlich einmal brauchte, waren sie nicht da. Und als man nach langer nutzloser Suche verzweifelt noch einmal in die mittlere rechte Sekretärsschublade schaute – da waren sie wieder da. Das verstehe wirklich, wer kann! Wie gut, daß so was auch anderen passiert!

Nur ein bißchen gemogelt

Man spricht oft mit einer gewissen Verachtung von sogenannten Portokassenjünglingen. Das sollte eigentlich nur Menschen erlaubt sein, die bereits einmal eine Portokasse geführt haben. Zu diesen Menschen gehöre ich, denn im Krieg vertraute man mir einmal ein solches Amt an. Seitdem habe ich eine ungeheure Hochachtung vor jedem Portokassenjüngling, vorausgesetzt, daß seine Kasse stimmt. Meine Kasse nämlich stimmte trotz heißer Bemühungen, trotz stundenlangen Nachrechnens, trotz genauer Notierungen auf Zetteln und in einem großen schwarzen Buch nie. Ich weiß nicht, was Sie getan hätten, ich tat das nächstliegende: ich brachte die Kasse zum Stimmen. Manchmal mußte ich von meinem Privatvermögen zuschießen, und manchmal nahm ich etwas heraus. Im Ganzen mußte ich öfter auffüllen, aber einmal gelang mir sogar ein Überschuß in Höhe eines Kinobilletts; so wäre meine Kassenführung zu allseitiger Zufriedenheit verlaufen, wenn nicht eine Revision stattgefunden hätte.

Der Revisor war von dem Resultat außerordentlich verwirrt. Es stellte sich nämlich heraus, daß das Kontobuch von Rechenfehlern nur so wimmelte, daß aber trotzdem immer die richtige Endsumme herauskam, die mit dem Kassenbestand übereinstimmte. Als ich dem in Ehren ergrauten Buchhalter meine Methode erklärte, zog er sich vorsichtig hinter seinen Schreibtisch zurück, als habe er eine gemeingefährliche Irre vor sich. Meine Handlungsweise war in seinen Augen schlimmer, als wäre ich mit der Portokasse auf und davon gegangen. In der Bank von England, erklärte er, habe man einmal zehn Tage lang mit Überstunden versucht, einen Schilling ordnungsgemäß unterzubringen, der irgendwo zuviel in der Kasse war. Sicher hatte der Buchhalter recht, aber leider, leider würde ich persönlich mehr zu der Ansicht neigen, daß einer den Schilling hätte stillschweigend in die Tasche stecken sollen, um der Bank von England all die Überstunden zu ersparen.

Die Genauigkeit um jeden Preis ist ein typisch männliches Prinzip; dagegen ist es weiblich, die rauhen Tatsachen ein bißchen zurechtzubiegen, Unterschiede auszugleichen und schlimme Wahrheiten zu beschönigen. Im Grunde genommen sollte man uns dafür loben. Oder ist es nicht eigentlich rührend, wenn eine liebende Frau sich große Mühe gibt mit der Erfindung einer glaubhaften Erklärung, wieso sie einen Traum von Rock für nur fünfunddreißig Mark bekommen hat, der doch in Wirklichkeit fast das Doppelte gekostet hat? Tut sie das vielleicht aus eigennützigen, niedrigen Motiven? Nein, es geschieht, um ihm Aufregungen zu ersparen. Nur deswegen nimmt sie – Emanzipation hin, Emanzipation her – immer noch die Plage auf sich, das fehlende Geld aus dem Haushalt herauszuwirtschaften.

Jede Mogelei ist ein kleines Abenteuer, und jede gelungene Mogelei erfüllt uns mit einem kleinen Quantum Reue und einem etwas größeren Quantum Genugtuung. Mit einer Flasche geschmuggelten Whiskys fühlen wir uns wie der rote Korsar persönlich, als er von dreijähriger, erfolgreicher Kaperfahrt in den westindischen Gewässern heimkehrte. Für wagemutige Naturen ist es auch ein erhebendes Gefühl, von Köln bis Düsseldorf in einem Erster-Klasse-Abteil zu sitzen, wenn man nur eine Fahrkarte der zweiten Klasse gelöst hat. Außerdem tut es niemandem weh, da das Defizit der Bundesbahn nach allem, was man gelesen hat, so groß ist, daß durch den Erster-Klasse-Zuschlag eines ehrlichen Menschen auch nichts zu retten ist.

Eine richtige Mogelei, also eine, die Spaß macht und unser zartes Gewissen nicht belastet, die darf niemandem weh tun. Die arme Blumenfrau auf dem Markt beim Wechselgeld um fünfundsiebzig Pfennig zu übervorteilen, das ist schäbig, aber wenn das irrsinnig feine Grandhotel von Bad Dingskirchen, wo das einfache Luftholen bereits Geld kostet, vergißt, das Frühstück aufzuschreiben, bin ich nicht ganz sicher, wie sich ein normal tugendhafter Mensch verhält. Zu erzählen, daß man erst geboren wurde, als man eigentlich schon zur Schule kam, ist verzeihlich, aber zu behaupten, die gleichaltrige Cousine habe einen immer gewickelt und gefüttert, das ist einfach eine Gemeinheit, und man soll sich nicht wundern, wenn besagte Cousine daraufhin das Gerücht startet, man habe in der Mode von 1930 entzückend ausgesehen.

Der natürliche Feind der mogelnden Frau ist der Mann, der sich im Gesetzbuch auskennt. Er versteht es, klar darzulegen, daß man mit einigem Glück im Gefängnis landen kann, eigentlich aber ins Zuchthaus gehört und beim Kleben von häßlichen Tüten darüber nachdenken kann, wie es Leuten ergeht, die in der Straßenbahn keine Karte lösen wollen, auf der polizeilichen Anmeldung eine x-beliebige Kennkartennummer hinschreiben, keine Hundesteuer bezahlen, spanischen Cherry schmuggeln und durch faustdicke Lügen in den Besitz eines reservierten Hotelzimmers kommen. Es ist erstaunlich, gegen wie viele Paragraphen man sich versündigen kann, wenn man selbst glaubt, nur ein bißchen zu mogeln. Das Gesetzbuch erlaubt nur eine Art von Mogelei, und zwar gerade die, die man sich selbst eigentlich nicht gestattet: die Mogelei im Spiel. Natürlich unterläuft es einem doch hin und wieder einmal, daß man beim Mensch-ärgere-dich-nicht-Spielen unrechtmäßig jemanden hinauswirft, wenn man selbst bis aufs Blut gepeinigt wurde. Daß man in die Karten des Gegners guckt, wenn er sie allzu bequem hinhält. Und daß man sogar beim Patience-Legen sich selbst bemogelt, um durch das streng verbotene Herumdrehen festzustellen, wo denn zum Kuckuck noch mal das Kreuz-As bleibt. Allzu wohl fühlt man sich aber bei diesen Manipulationen nicht. Auch, wenn man keinen Pfennig Geld dabei verdient.

Übrigens gibt es außer dem Patiencespiel noch vielerlei Möglichkeiten, sich selbst zu bemogeln. Eine davon ist die berühmte Milchmädchenrechnung, mit der man sich kostspielige Sachen sehr schmackhaft machen kann. Mit dieser Rechnungsart kann man sich etwa fabelhaft darlegen, daß ein Pelzmantel eine ungeheure Ersparnis darstellt, daß der Urlaub so gut wie nichts kostet, daß man seinen Schuhsohlen zuliebe Taxi fährt und daß sich ein goldenes Uhrarmband auf die Dauer amortisiert, wenn man an all die Lederarmbänder denkt, die man so im Laufe der Jahre und Jahrzehnte anschaffen muß. Es kommt eben nur auf die Art der Buchhaltung an. Wenn die grundsätzliche Neigung besteht, auch mal fünf gerade sein zu lassen, ist sehr viel möglich. Und das Leben gewinnt ungeheuer an Bequemlichkeit, Spannung und Buntheit.

Jetzt habe ich noch einmal gelesen, was ich bis hierher geschrieben habe. Und kriege ein bißchen Angst vor vielen empörten Briefen von Bankdirektoren, Bundesbahn-Presseleitern, Hotelbesitzern und Polizeireviervorstehern. Meine Herren: natürlich mogle ich nicht so systematisch, wie ich oben behaupte. Verzeihen Sie mir, daß ich gemogelt habe...

Bitte nicht stören!

Zugegeben: Es ist sehr schwierig für die Umwelt, rechtzeitig zu bemerken, wann ein Mensch in Ruhe gelassen werden will. Da gibt es an sich sehr fröhliche und gesellige Wesen, die stets mit Interesse zuhören, die ausgiebig zu telefonieren lieben, die munter am Frühstückstisch plaudern, die den Anliegen ihrer Kinder und den Kümmernissen ihrer Partner und Kollegen eine nie erlahmende Anteilnahme entgegenbringen – und plötzlich brüllen sie ihre überraschten Kinder an, quittieren Zärtlichkeiten bestenfalls voller Duldsamkeit, hören beim aus der Zeitung vorgelesenen Witz gar nicht hin, sind am Telefon kurz angebunden, brummeln aus ihrem Liegestuhl nur kurze und fast unverständliche Antworten auf freundliche Anfragen und fahren ganz plötzlich in einer Lautstärke los, die in keinem Verhältnis zum Anlaß steht: „Kann man denn nicht einmal einen Augenblick in Ruhe gelassen werden?" oder „Gibt es denn in diesem Haus nicht ein einziges Mal für fünf Minuten Ruhe?!" oder (und das ist schon schlimmer) „Ihr könnt es anscheinend nicht aushalten, wenn ich mal ruhig dasitze!"

Sehen wir einmal von jenen seltenen Fällen ab (die es aber leider wirklich gibt), wo es jemand in der Tat nicht ausstehen kann, wenn sich der andere erfolgreich der Ruhe hingibt, so ist der Ruhestörer zumeist über so einen Ausbruch echt verblüfft. Es soll Fälle geben, wo sich an einem solchen kleinen Zwischenfall ein Streitgespräch darüber entzündet, wer denn hier eigentlich hysterisch oder mißlaunig ist und bekanntlich häufig immer schon war und wer wohl die Rücksichtslosigkeit für sich gepachtet hat, kurz, eins jener Streitgespräche, die noch nie zu einem befriedigenden Ergebnis geführt haben. Dabei ist die Stituation für einen unbeteiligten Dritten ganz einfach zu überschauen: Sechsmal hat der, der explodierte, vorher mit steigender Nervosität, aber beherrschter Freundlichkeit die Lektüre des Sportteiles unterbrochen und den Schilderungen über das Treiben der Handwerker in der Küche mit mäßigem Interesse gelauscht – und dann reichte es eben. Sie hingegen begegnete schließlich der vierten Anfrage, warum sie ihn offensichtlich nicht mehr liebe, etwas schroff, weil sie ganz hingerissen einen uralten, sehr zu Herzen gehenden Film im Fernsehen ansah. Auch liebt es der eine, in der Sonne stumm vor sich hinzudösen und die geringe Aufmerksamkeit, die er noch aufbringen kann, darauf zu verwenden, welche Stelle noch nicht genug Bräune hat, während der andere die unabsehbaren Schäden, die die moderne Wohlstandsgesellschaft verursacht, diskutieren möchte. Und wenn man bei einem Telefonanruf bei einem sonst freundlichen Menschen wie mit einem Guß kalten Wassers abgeschreckt wird, kann es daran liegen, daß man nicht der erste und auch nicht der zweite war, der diesen Menschen aus der Badewanne herausklingelte, wohin er sich mit einem Buch und einem Apfel verzogen hatte, um der Welt zu entfliehen.

Auch allzu große Fürsorglichkeit kann lästig werden: Wenn jemand sich in den Frieden seiner Lieblingssofaecke zurückgezogen hat, um Platten zu hören, will er nicht gefragt werden, ob er einen Kaffee oder lieber einen Tee haben will, ob er vor dem Abendessen noch eine Kleinigkeit zu sich nehmen möchte, ob die Heizung auch hoch genug gestellt ist und ob er nicht doch eine Tablette gegen die offensichtlich heraufziehende Erkältung nehmen sollte. Natürlich gibt es auch die gleiche Belästigung in Umkehrform: Man wird nämlich gebeten, „nur eben schnell" Kaffee oder Tee zu kochen, eine winzige, aber leckere Kleinigkeit zuzubereiten, die Heizung zu regulieren und Tabletten zu besorgen – möglichst alles in kurzen Abständen und nicht etwa auf einmal. Und dann plötzlich bei der nächsten harmlosen Anfrage, ob der Hund nicht mal raus müsse, geht man in die Luft. Große Verwirrung und die Frage, was um Himmels willen einem denn der arme Hund getan habe?

Auch der gemütlich und ausgiebig telefonierende Mensch wirkt offensichtlich stimulierend auf die Mitwelt. Unbedingt ganz schnell müssen alle etwas wissen oder haben oder fragen, oder sie wollen weggehen; sie betätigen den Staubsauger, lehren den Hund das Bellen auf Kommando oder stehen nur bedeutsam gestikulierend einen halben Meter von einem und sind ehrlich verschreckt über den Aufschrei: „Kann man denn nicht einmal in Ruhe telefonieren!" Aber nicht nur beim Lesen, Sonnenbaden, Plattenhören, Fernsehen und was der angenehmen Entspannungen mehr sind braucht der Mensch Ruhe. Gerade bei unangenehmem Tun verträgt er keine Störung. Die Steuererklärung etwa macht gegen Störungen genauso empfindlich wie eine klumpige Mehlschwitze oder ein stotternder Automotor. Leute, die das Sägen nicht gewohnt sind und trotzdem vom Schicksal gezwungen sind, einen Baum zu zersägen, traktiere man genausowenig mit munteren Reden wie eine Amateurschneiderin beim Ärmeleinsetzen. Und wenn ich mit unserem äußerst tückischen Rasenmäher, der nur dann tadellos mäht, wenn ich gerade mal wieder beschlossen habe, ihn zum Sperrmüll zu geben und einen neuen zu kaufen, im Garten wirke, macht die ganze Familie mit gutem Grund einen weiten Bogen um uns beide. Dagegen haben sie immer noch nicht begriffen, daß ich Wert darauf lege, mich morgens im Badezimmer – ohne Konversation durch die Badezimmertür, ohne Fragen „Wo ist ...?" und ohne die Bitte „Kann ich mal schnell eben rein?" – in Ruhe und Frieden anziehen zu können.

„Kann man denn nicht einmal in Ruhe fernsehen!?“

In neueren Veröffentlichungen über das feine Benehmen kann man nachlesen, daß es unstatthaft sei, andere Leute während der Nachrichtensendungen im Fernsehen anzurufen; statthaft hingegen sei es, einem Anrufer, der einen beim Fernsehen stört, höflich abzufertigen mit der Frage, ob man ihn später zurückrufen dürfe.

Dies mag – was die Nachrichtensendungen am Abend angeht – durchführbar sein, obwohl man beim spontanen Telefonieren nicht immer vorher auf die Uhr sieht. Wer aber schützt einen vor Störungen innerhalb des Hauses? Der gequälte Aufschrei vieler Väter: „Kann man denn in diesem Haus nicht ein einziges Mal in Ruhe Nachrichten hören?!“ spricht dagegen. Mütter drücken den gleichen Gedanken zumeist etwas verbindlicher aus, obgleich sie auch darunter zu leiden haben, daß ihre Sprößlinge gerade diese wichtige Sendung für so überflüssig und langweilig halten, daß sie von dem unausrottbaren Glauben beseelt sind, gerade in dieser Zeit ließe sich am besten alles regeln und besprechen. Man müsse den Hund dressieren, den Wellensittich fliegen lassen, die Vokabeln noch einmal laut murmelnd wiederholen und die kleineren Geschwister mit Bühnenflüstern und Püffen darauf aufmerksam machen, daß sie doch bloß die Eltern nicht immer bei den Nachrichten stören sollen. Da würde schließlich ein Anruf von außerhalb auch nicht mehr allzusehr ins Gewicht fallen!

Der kommt mit Sicherheit dann, wenn man seine ungeteilte Aufmerksamkeit dem Spielfilm aus den frühen vierziger Jahren zugewandt hat. Zwar etwas geniert, aber mitgerissen verfolgt man den Kampf der langlockigen Dame zwischen Pflicht und Neigung, bei der ihr zu allem Überfluß noch ständig ein Finsterling über die Treppenflucht des angeheirateten Landsitzes nachschleicht. Just, als der Gatte, der bisher feinste Zurückhaltung an den Tag legte, auf seine Rechte pocht, geht das Telefon! Jedermann muß zugeben, daß es nur wenige Leute gibt, denen man eingestehen kann, daß man sie wegen eines solchen Schmarrens abhängen möchte, vor allem, wenn man den Eindruck hat, daß sie etwas auf dem Herzen haben oder sich gerade einmal allein fühlen. Andere, auf die man bisher einen eher intellektuellen Eindruck zu machen versuchte, würde man zwar auf später verweisen, wenn man gerade einer Diskussion über die Kurzfilme junger Filmemacher oder der Wiederholung einer Aufzeichnung über Marc Chagall zusähe, aber die langlockige Dame verschweigt man dann doch lieber. Übrigens geschieht es auch merkwürdig häufig, daß Freunde, von denen man lange nichts gehört hat und über deren Anruf man sich wirklich von Herzen freut, ausgerechnet dann anrufen, wenn die Spannung ihren Höhepunkt erreicht hat. Man könnte sich selbst ohrfeigen: Während man sich ehrlich für die Geschicke des Freundes am Telefon interessiert, steht man dennoch – das Telefon in der Hand – auf, um, um die Ecke herum im Nebenzimmer, einen Schimmer davon mitzukriegen, was sich im Treppenhaus des einsamen Landsitzes abspielt. Hinterher rätselt man in tiefer Beschämung nach: Hat der Anrufer erzählt, er ist in Gelsenkirchen oder Oberhausen? Wollte er im Mai oder Juni heiraten? Der Kummer manches liebenden Menschen ließe sich in diesem Zusammenhange auch leicht erklären: Als seine Freundin neulich am Telefon so kühl und kurz war, sah sie mit einem Auge den Bemühungen um Wahrheit zu, die Kojak gerade wieder durch die Stadt trieben, während sie versuchte, dem Freund zu versichern, wie sehr sie sich über seinen Anruf freute. Es ist sehr schwer, einem anderen klarzumachen, daß man doch wirklich ganz unbedingt wissen möchte, wie Kojak mit dem rauschgiftsüchtigen Halbstarken zurechtkommt, obwohl man mit dem Glück seines Lebens telefoniert.

Es hat überhaupt seine Schwierigkeiten, Zuneigung und Fernsehen richtig zu koordinieren. Sitzt man gerade aufs Äußerste gefesselt vor dem Bildschirm, so ist es ein bißchen schwierig, sich so richtig von Herzen zu freuen, weil jemand gerade heute früher als erwartet nach Hause gekommen ist. Und wenn man sich sonst mit Recht darüber beklagt, daß man von heimkehrenden Männern zuwenig erzählt bekommt, scheint eine Frau vor dem Bildschirm auf rätselhafte Weise die Schleusen männlicher Beredsamkeit zu öffnen, ganz gleich, ob Wallenstein oder Maria Stuart, Richard Widmark, Hermann Prey oder Karajan gerade am Werke sind.

Außerdem ist festzustellen, daß fernsehende Frauen ungeheuer appetitanregend sein müssen: Ein kleines Käsebrot muß sofort her, um den Mann, der sich bis jetzt im Dienst aufgerieben hat, wenigstens zunächst einmal am Leben zu halten. Er würde es sich ja selbst machen, aber wo, zum Kuckuck, ist die Butter? Und vorgestern waren da doch diese kleinen Makronen – sind die in der blauen Dose auf dem Küchenschrank? Wird dann noch gefragt („ – Ich will dich auch nicht stören –“), wie man Auflauf aufwärmen kann, verläßt man als noch immer nicht voll emanzipierte Frau Richard Widmark, Karajan und Maria Stuart. Und nun macht es auch nichts mehr aus, wenn Karajan gesanglich mit einem männlich-energischen Hmtata-hmtata unterstützt wird.

Vergeßlichkeit ist keine Zier...

Jeder von uns kennt das Gefühl, das einen siedendheiß überläuft bei dem Gedanken, etwas unerhört Wichtiges vergessen zu haben. Denn jedermann weiß, daß nun in mehr oder weniger kurzer Frist unangenehme Folgen als Strafe eintreten. Meist bestehen die Folgen darin, daß einer einem böse ist, obwohl – und das können wir doch mit gutem Gewissen beschwören – man doch nur sehr, sehr selten etwas absichtlich vergißt. Hatte ich etwa etwas Böses im Sinn oder wollte ich irgend jemanden kränken, als ich seinerzeit vergaß, das Badewasser abzudrehen und so meiner spät heimkehrenden Mutter ihre Schuhe beim Eintreten ins Haus entgegengeschwommen kamen? Wollte ich etwa jenem ganz Unbekannten etwas antun, als ich vergaß, mich beim Zurücksetzen mit dem Auto umzuschauen und sein Moped plattfuhr, das an den Bordstein gelehnt parkte? Hegte ich nicht für den lieben guten Onkel innige Zuneigung wie eh und je, als ich seinen achtzigsten Geburtstag vergaß? Obwohl ich also wirklich nichts Arges im Schilde führte, waren mir in allen drei Fällen alle Betroffenen bitterböse: als ob ich sorgfältig geplante finstere Anschläge gegen sie ausgeführt hätte, die sich nur mit ganz besonders übler asozialer Gesinnung vereinbaren lassen. Und so wie mir geht es fast allen, die etwas vergaßen: es wird ihnen schrecklich übel genommen. Und merkwürdigerweise hat man dann meistens auch wirklich ein schlechtes Gewissen.

Das schlechte Gewissen der Vergeßlichen äußert sich

außerordentlich verschieden. Von drei Leuten beispielsweise, die, obwohl sie es fest versprochen hatten, vergaßen, den Schreiner anzurufen und an die Reparatur der Haustür zu erinnern, wird der eine freundlich berichten, am Telefon des Schreiners habe sich den ganzen Tag niemand gemeldet. Der andere wird schon etwas weniger freundlich abstreiten, daß er überhaupt habe telefonieren wollen, und wenn schon, dann doch nicht gleich heute. Und der dritte wird ganz und gar unfreundlich bemerken, er habe schließlich auch noch anderes zu tun, was sicher unbestreitbar wahr ist, aber keine ganz präzise Antwort auf die Frage nach dem Erfolg seines Telefongesprächs darstellt. Darum sollte man alle, die ehrlich zugeben und bedauern, etwas vergessen zu haben, lieben, ehren und loben. Leider geschieht das sehr selten (oder es wird vergessen!).

Es ist sehr merkwürdig, welche Dinge man vergißt und welche nicht. Eine Frau, die in die Stadt geht, um einen Pullover, Stopfgarn für Herrensocken, eine Verlängerungsschnur für das Bügeleisen, Hemdenknöpfe und eine Flasche Sekt zu erstehen, wird ganz sicher den Pullover nicht vergessen und den Sekt höchstwahrseinlich auch nicht. Bei den anderen Dingen bin ich nicht sicher. Auch soll es vor Festlichkeiten schon vorgekommen sein, daß der Hausherr Worte des Unmuts ausstieß, weil vergessen war, entweder seinen Smoking oder sein Hemd, seine Schleife, seine schwarzen Strümpfe oder Schuhe in Ordnung zu bringen. Nie aber habe ich gehört, daß eine Frau nicht den Zustand ihrer eigenen Abendgarderobe haargenau im Kopfe gehabt hätte. Oder vergaß man je Daten, an denen etwas stattfinden sollte, auf das man sich freute? Leider, leider aber muß hier zugegeben werden, daß es durchaus unterlaufen kann, Daten zu vergessen, zu denen man eigentlich andere erfreuen sollte. Man denke nur an die schon sprichwörtlich gewordenen Hochzeitstage!

Es besteht natürlich die Möglichkeit, sich Mühe zu geben, etwas nicht zu vergessen. Häufig gelingt es einem, an etwas zu denken, wenn man sich die unangenehmen Folgen recht plastisch vorstellt, die eintreten werden, wenn man nicht daran denken sollte. Manchmal bleibt aber dann von der ganzen Vorstellung nur das gräßliche Gefühl übrig, daß sicher etwas sehr Scheußliches passiert, wenn man irgend etwas vergißt, was man auf keinen Fall vergessen dürfte und auch nicht vergessen würde, wenn man bloß noch wüßte, was es war: der verzweifelte Blick auf den Knoten im Taschentuch, bei dem man nicht mehr weiß, was er bedeuten sollte.

Dinge, für die man sich brennend interessiert, behält man häufig bis an sein Lebensende, selbst wenn sie schon längst nicht mehr akut sind. Adressen zum Beispiel oder Telefonnummern, Geburtstage und andere Daten. Wenn man dagegen zum dritten- oder viertenmal von irgend jemand nach seinem Namen gefragt wird, ach, so ist das ganz sicher kein Kompliment, wenn sich der Betreffende auch noch so sehr mit seiner ewigen Vergeßlichkeit entschuldigt, die ihn schon oft in die peinlichsten Lagen gebracht hat. Sicherlich gibt es Namen, die er nicht vergißt, selbst wenn er sie nur ein einziges Mal ganz flüchtig hört.

Daß übrigens das weibliche Gedächtnis dem männlichen weit überlegen ist, ist eine unbestrittene Tatsache. Daran ändert auch gar nichts, daß man etwa vergißt, der Schwiegermutter zum Geburtstag zu gratulieren, die Zeitung umzubestellen, Knöpfe an die Hosen zu nähen und was der unwesentlichen Kleinigkeiten mehr sind. Denn man kann noch nach Jahren ganz genau sagen, wo und wann er gesagt oder versprochen hat, er würde niemals ... oder er würde immer ... oder man bekäme ganz bestimmt ... Und das ist ja schließlich auch viel, viel wichtiger!

Man wird sich doch mal genieren dürfen!

Als wir gemütlich unter Freunden zusammensaßen, Nüsse knackten, Platten spielten und einige schon dreiviertel leere Flaschen leer machten, kam das Gespräch auf die allerunangenehmsten Situationen, die jeder erlebt hatte, fast ausnahmslos Situationen, in denen der Betreffende alle Ursache hatte, sich in Grund und Boden zu genieren. Urkomische Geschichten wurden berichtet. Für den armen Hauptbeteiligten waren sie – im Augenblick des Erlebens – voller Qual, und die Vorstellung, daß man selber einmal im Mittelpunkt eines solchen Geschehens hätte stehen können, erfüllt jeden Zuhörer mit Grausen. Oder möchten Sie sich etwa im Theaterfoyer Ihres Mantels entledigen und dann feststellen, daß Sie vergessen haben, Ihren Kostümrock anzuziehen? Möchten Sie im Hause Ihres Chefs dabei erwischt werden, wie Sie heimlich mit dem Finger in die Cumberlandsauce des kalten Büfetts fahren? Die allerschlimmsten der berichteten Situationen kann ich hier nicht einmal weitergeben, da meine Freunde mir sonst mit Recht böse wären.

Ob man als Schulmädchen Höllenqualen leidet, weil eine liebende Mutter einen allzu apart angezogen hat; ob man mit Leuten zusammengeschmiedet ist, die in den unmöglichsten Situationen darauf bestehen, Volkslieder zu singen; oder ob man nicht ganz sicher ist, welches Besteck zu welchem Gericht gehört – in jedem Fall gibt es kein scheußlicheres Gefühl als das, sich genieren zu müssen.

Als ich als Backfisch einmal sehr verschüchtert an einer unbeschreiblich feinen Tafel saß und meine Hand vorschriftsmäßig in die Fingerschale tauchte – da färbte sich das Wasser leuchtend blau und stach auffallend gegen das strahlende Weiß des Tafeltuchs ab. Ich hatte nämlich Tintenfinger gehabt. Heute ist die Vorstellung recht komisch, aber damals hätte ich nichts Ernstliches gegen einen raschen Tod einzuwenden gehabt. Übrigens taucht in einem der bekanntesten Alpträume ja auch das „sich genieren" immer wieder auf, und es sei dahingestellt, was fürchterlicher ist: nachts von einem asozialen Element mit gezücktem Messer verfolgt zu werden – oder im Nachthemd auf einer vornehmen Gesellschaft zu erscheinen. Bei mir ist es übrigens nicht das Nachthemd, sondern es sind Pantoffeln, braune, karierte Filzpantoffeln, die hinten niedergetreten sind und vorn verdrückte Bommeln haben. Natürlich wäre es sehr niederschmetternd, mit solchen Pantoffeln zum kleinen eleganten Kleid zu erscheinen, aber so etwas kommt – außer in Träumen – tröstlicherweise ziemlich selten vor. Leider aber kommt es in Wirklichkeit ziemlich häufig vor, daß man sich geniert, obwohl man nicht den geringsten Anlaß dazu hat. Manchmal weiß man sogar genau, daß eigentlich kein Grund vorliegt, aber die Intensität des Genierens wird darum um keinen Grad geringer. Man kann sich zum Beispiel stundenlang vorhalten, daß man für das Benehmen seiner Mitmenschen nicht verantwortlich ist – trotzdem leidet man Höllenqualen, wenn ein Begleiter im Konzert etwa mitsummt und dirigiert oder vom Auto aus sich mit einem Schutzmann zankt und mit seinem Freund, dem Polizeipräsidenten, droht.

Manche Menschen haben von Berufs wegen die Fähigkeit, andere dazu zu bringen, daß sie sich klein und häßlich fühlen und sich genieren. Es gibt beispielsweise ungeheuer vornehme Verkäuferinnen, die uns das Gefühl beibringen, daß sie einen zutiefst verachten. Man geniert sich für seinen alten Wintermantel, für seine verstrubbelten Haare, dafür, daß man „gutes Wollkleid" statt „Nachmittagskleid" gesagt hat, und vor allem dafür, daß man so dumm ist, sich vor einer bornierten Gans zu genieren. Trotzdem bringt man es nicht fertig zu sagen, daß einem das camparirote Kleid zu teuer ist, sondern operiert mit dem Ehegatten, mit dem man am Nachmittag vorbeikommen will. Und schließlich verläßt man den Laden, mit irgendeinem Stück im Paket, das man weder schätzt noch auch nur im Traum begehrt hat – ein Opfer des Genierens.

Auch Kellner in feinsten Restaurants und Hotels können so unbeschreiblich distinguiert sein, daß sie sonst ziemlich gefestigtes Selbstbewußtsein zum Wanken bringen. Man überlegt nicht mehr, welchen Wein man gern zum Essen trinken möchte, sondern welchen Wein die große Welt wohl zu diesem Essen trinkt. Es ist bemerkenswert, mit welch vorgetäuschter Kennermiene sonst recht vernünftige Leute den vom Kellner kredenzten Probeschluck zu sich nehmen, obwohl sie nie die geringste Beanstandung schon aus Mangel an Sachkenntnis vorbringen könnten. Und alles geschieht dem Ober zuliebe, der den teuren Säuerling kredenzt, als würfe er Perlen vor die Borstentiere. Oder die Speisekarte! Oft wimmelt es auf ihr nur so von Fremdwörtern, hinter denen sich ersehnte Delikatessen verbergen. Natürlich geniert man sich, nach den verschlüsselten Geheimnissen zu fragen, obwohl man gerade in dieses „feine" Lokal gegangen ist, um etwas Ausgefallenes zu essen. Aber vor dem süffisanten Gesicht des Befrackten kapituliert man und bestellt zähneknirschend das übliche Schnitzel. Nie werde ich jenen Kellner vergessen, der unverwandt zuschaute, wie ich mit meinen kühn bestellten Krebsen in verzweifeltem Kampf lag. Dabei hätte er mehr Grund gehabt, sich zu genieren als ich, da es zwar keine Schande ist, zum erstenmal Krebse zu essen, wohl aber ein arroganter Kellner zu sein.

Ja, das Rotwerden! Und sei es auch nur an den Ohren: man geniert sich, daß man sich geniert und daß jeder sehen kann, daß man sich geniert. Und doch sollte es ein Trost sein, daß man von besonders unangenehmen Mitmenschen sagt: der geniert sich aber auch gar nicht!

Die ganz kleinen Freuden

Abgesehen vom großen Glück und von seliger Freude, die einem selbst bei eher positivem Lebenslauf nicht tagtäglich beschieden sind, gibt es unzählige kleine Freuden, die, wie die Mandeln und Rosinen im Kuchen, den grauen Alltag verschönen. Das kann schon am Morgen sein, wenn man – vom Bett zum Fenster blickend – die Sonne scheinen sieht. Es kann einen aber auch heiter stimmen, wenn es vom Himmel hoch regnet, weil man bei schönem Wetter irgend etwas Lästiges, wie Rasenmähen, Matratzenklopfen oder vor Tau und Tag Schwimmengehen, vorhatte. Und wenn man dann noch beim Anziehen feststellen kann, daß der blaue Rock, der neulich etwas um die Hüften herum strammte, jetzt wieder ganz normal locker sitzt, so wird man vielleicht beim Kämmen schon vom griechischen Wein oder von La Paloma singen, was immer ein Ausdruck hervorragender Laune ist.

Auf die Gefahr hin, daß man sich selbst richtig spießig findet, kann man sich sogar darüber freuen, wie hübsch die neuen Küchenvorhänge bei Sonnenschein wirken, oder darüber, wie stattlich sich der Wäscheschrankinhalt ausnimmt, nachdem man endlich das Paket von der Wäscherei dort eingeräumt hat. Überhaupt kann einen der Gedanke, endlich etwas getan zu haben, was einem seit längerer Zeit auf dem Magen lag, mit echter Freude erfüllen: Das kann sich um einen aufgeräumten Keller handeln oder um eine lästige Akte, um einen schwierigen Brief, um einen ausgelassenen Saum oder ein fertiggestelltes Buch –

hinterher fühlt man sich wie neugeboren und kann mit einiger Genugtuung die leere Stelle auf dem Schreibtisch, wo sonst der unbearbeitete Papierberg sich türmte, oder den pik-ordentlichen Keller, in dem man sonst nur mit Suchhund arbeiten konnte, betrachten. Auch das Telefonat mit dem Finanzamt oder der Krankenkasse, wo man mit Recht das Durchfragen zur zuständigen Stelle gescheut hatte, hinter sich zu bringen ist ganz sicher unter die kleinen Freuden zu rechnen, zumal, wenn es auch noch mit Erfolg gesegnet war.

Da der Mensch zwar in manchen Dingen sehr anspruchsvoll, aber in anderen auch rührend genügsam ist, freut er sich auch, wenn etwas Schmerzhaftes oder Unangenehmes aufhört: das merkliche Abklingen von Zahnschmerzen etwa oder das befreite Wegschleudern drükkender Schuhe, sobald man die eigene Wohnung betritt, kann einem Minuten reinsten Glücks bescheren. Und wenn man nach einem anstrengenden, vielleicht sogar noch langweiligen Abend endlich in sein Bett sinkt, ist man zuweilen von tiefster Dankbarkeit gegen das gütige Schicksal erfüllt, das einem dieses schöne Bett beschert hat und einen nicht dazu zwingt, diese Nacht auf einer Parkbank oder in einem Wartesaal oder unter den Seinebrükken zu verbringen. Ähnliche Gefühle kann ein warmes oder sogar noch duftendes Bad bei einem durchgefrorenen oder erschöpften oder sich zerschlagen fühlenden Menschen auslösen, und die Tatsache, daß im Bad so oft gesungen wird, hängt sicher nicht nur mit der guten Akustik zusammen. Nach dem Schwimmen wieder ganz trockenes Zeug auf dem Leibe zu tragen oder nach längerem Verweilen auf der schmalen Grenze zum Frösteln endlich die weit entfernt liegende Wolljacke geholt und angezogen zu haben erfüllt einen unter Umständen mit ungeheurem Wohlbehagen, das in keinem Größenverhältnis zur Ursache steht. Es ist nur mit der Empfindung zu vergleichen, die einen überkommt, wenn man nach längerem Ausharren im Bikini, bei Wolkenbänkchen und kühlem Wind, endlich in den Genuß jenes Stückchens Blau kommt, auf das man schon seit längerer Zeit – von allen Seiten Hohn und Spott erntend – gesetzt hatte und das nun den ganzen Himmel beherrscht.

Viele Damen, nicht nur fortgeschrittenen Alters, und auch mancher Herr genießen es ungeheuer, wenn sie zur rechten Zeit am rechten Ort eine rechte Tasse Kaffee oder Tee vor sich stehen haben. Allein schon der Duft kann alle möglichen Unbilden vergessen machen und schon am frühen Morgen den lustlos aufgestandenen Menschen davon überzeugen, daß der Tag doch einige Genüsse bereithalten kann, sei es nun das gleichzeitig erschienene Frühstücksei, die nachfolgende Zigarette, das kühle Helle in der Hitze des Tages oder das gute Glas Wein am Abend, wenn der Arbeitstag vorbei ist und die Kinder im Bett liegen (was auch ganz unbedingt, bei aller Mutterliebe, unter die kleinen Freuden zu rechnen ist).

Daß man sich Freuden dieser Größenordnung auch bewußt verschaffen kann, bewies eine meiner Freundinnen, die – von fürchterlichen Zahnschmerzen geplagt und in einer lästigen und langwierigen Behandlung steckend – den Tag genau für ein Vierteljahr später im Kalender ankreuzte. An diesem Tag, so meinte sie, wären ihre Zähne garantiert wieder in schönster Ordnung. Und dann wolle sie sich an heute erinnern und sich freuen!